KLEINE
SPRACH-
GESCHICHTE
VON
NORDRHEIN-
WESTFALEN

GEORG CORNELISSEN

KLEINE SPRACH-GESCHICHTE VON NORDRHEIN-WESTFALEN

GREVEN VERLAG KÖLN

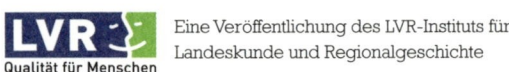

Eine Veröffentlichung des LVR-Instituts für
Landeskunde und Regionalgeschichte

Die *Kleinen Geschichten von Nordrhein-Westfalen* werden
von Markus Köster und Sabine Mecking herausgegeben.

© Greven Verlag Köln, 2015
Lektorat: Susanne Philippi, Trier
Gestaltung: Thomas Neuhaus, Billerbeck
Satz: Angelika Kudella, Köln
Gesetzt aus der Concorde und der Rockwell
Druck und Bindung: Friedrich Pustet, Regensburg
Alle Rechte vorbehalten
ISBN 978-3-7743-0654-7

Detaillierte Informationen über alle unsere Bücher finden Sie unter:
www.Greven-Verlag.de

Inhalt

Vorwort

Wenn von Nordrhein-Westfalen die Rede ist, müssen das Siegerland und Wittgenstein und auch Lippe ganz im Osten immer mitgedacht werden. Als das neue Bundesland im Jahre 1946 aus der Taufe gehoben wurde, gehörte das Lipperland noch gar nicht dazu – Lemgo, Detmold und ihr Umland sollten sich erst ein Jahr später NRW anschließen. Die Menschen im Landesteil »Nordrhein« nennen ihr Gebiet im Westen des Landes: Rheinland. Diese Bezeichnung findet sich auch im Namen des Landschaftsverbandes Rheinland (LVR) wieder, dessen Schwesterorganisation im Osten des Landes der Landschaftsverband Westfalen-Lippe (LWL) ist.

Beide Gebietskörperschaften haben sich die landschaftliche Kulturpflege auf ihre Fahnen geschrieben. Die Dokumentation und Erforschung der regionalen Sprache gehören dabei zu den Aufgaben des LVR-Instituts für Landeskunde und Regionalgeschichte in Bonn und der Kommission für Mundart- und Namenforschung Westfalens in Münster. Das gutnachbarschaftliche Verhältnis beider Einrichtungen war für das vorliegende Werk, das in Bonn entstanden ist, aber an vielen Stellen von Hinweisen und Vorschlägen aus Münster profitiert hat, von großem Vorteil. Hier ist besonders Herrn Dr. Markus Denkler (Münster) zu danken.

Herrn Prof. Dr. Markus Köster (Münster) und Frau Prof. Dr. Sabine Mecking (Duisburg) danke ich für die Aufnahme des Buches in die von ihnen herausgegebene Reihe zur NRW-Geschichte. Es freut mich sehr, dass die Landeszentrale für politische Bildung Nordrhein-Westfalen diese regionale Sprachgeschichte in ihr Publikationsangebot eingebunden hat. So kommt auf angemessene Weise zum Ausdruck, dass sich Sprachtradition und Sprachwandel nur vor dem Hintergrund des politischen Geschehens und der gesellschaftlichen Entwicklungen verstehen lassen.

Bonn, im Februar 2015
Dr. Eckhard Bolenz

Direktor des LVR-Instituts für Landeskunde
und Regionalgeschichte

Einleitung

Als das Bundesland Nordrhein-Westfalen 1946 gegründet wird, herrscht in vielen Städten und Dörfern noch der Dialekt vor – auch in Dondorf. So nennt Ulla Hahn in ihrem Roman »Das verborgene Wort« den fiktiven Ort am Rhein, in dem die kleine Hildegard Palm aufwächst. Bei Palms zuhause wird Platt gesprochen: *Lommer jonn* lauten die beiden ersten Worte des Romans, die die Autorin Hildegards Großvater in den Mund legt: ›Lasst uns gehen‹. Ulla Hahn ist 1946 geboren.

Wir haben uns daran gewöhnt, dass die Figuren eines Romans Hochdeutsch sprechen. Ganz gleich, ob die Geschichte in der Gegenwart oder im Mittelalter spielt, ob in Westfalen oder in Andalusien, ob die Protagonisten vom Rhein stammen oder Ureinwohner Amerikas sind: Alle sprechen sie Hochdeutsch, manchmal mit historisierenden Zügen. Anderenfalls würden wir Leser und Leserinnen auch wenig oder nichts verstehen. Die Welt der Fiktion ist in der Regel einsprachig.

Eine »Kleine Sprachgeschichte von Nordrhein-Westfalen« gehört zur Non-Fiction: Als Sachbuch will sie dazu beitragen, die Geschichte zu verstehen. Sie hat dabei Sprachstadien auszuleuchten, die uns heute, gerade wenn wir noch jung sind, sehr weit entfernt erscheinen. Unmittelbar nach dem Zweiten Weltkrieg lebten noch viele Menschen, deren Erstsprache Platt

(= Dialekt) war, so dass sie mit Fug und Recht sagen konnten: *Hauchdütschk was eenlick miene iärste Früemdsproak* ›Hochdeutsch war eigentlich meine erste Fremdsprache‹. Vielerorts war das alltägliche Leben geprägt von Zweisprachigkeit: dem Nebeneinander von Plattdeutsch und Hochdeutsch. Eine vergleichbare Situation kennen viele von uns nur noch von Reisen, etwa nach Bayern oder in die Schweiz.

Alles, was sich vor 1946 ereignet hat, gehört streng genommen in die sprachliche »Vorgeschichte« unseres Bundeslandes: die Besiedlung des Gebietes zwischen Rhein und Weser durch Franken und Sachsen, auf deren Sprache die heutigen Dialekte letztlich zurückgehen; die Entfaltung von Sprachräumen und die Herausbildung der berühmten »Benrather Linie« noch vor der ersten Jahrtausendwende; die spätmittelalterliche Entwicklung regionaler Schreibsprachen mit typischen Merkmalen, die sich noch in Ortsnamen wie *Grevenbroich* oder *Soest* erhalten haben; der Wechsel von diesen einheimischen Schreibsprachen zum überregionalen Hochdeutsch, der im Rheinland und in Westfalen in der frühen Neuzeit vollzogen wurde; die beginnende Abwertung der eigentlichen Muttersprache (Platt); der Wechsel vom Dialekt zum Regiolekt im Industrierevier an der Ruhr als Folge des Zuzugs von Arbeitsmigranten aus anderen deutschen Provinzen und aus dem Ausland.

Die Dialektlandschaft zwischen Rhein und Weser taugt nicht dazu, eine Nordrhein-versus-Westfalen-Perspektive zu pflegen: Die Benrather Linie etwa gliedert das heutige Bundesland in einen Nord- und einen Süd-Teil. Als dialektale Großregionen treten Niederfränkisch (bzw. Niederrheinisch), Rheinländisch und Westfälisch hervor, wobei das Siegerland und Wittgenstein im Südosten des Landes gesondert aufzuführen wären. Sprachgeographisch ließe sich NRW also als N̲iederrheinisch, R̲heinisch, W̲estfälisch ausbuchstabieren (wenn die Siegerländer und Wittgensteiner Dialekte ausgeklammert würden).

Platt konnte 1946 als Teil der Vormoderne erscheinen: Im Radio führte es ein Nischendasein, im später aufkommenden Fernsehen hat es eigentlich nie Fuß fassen können. Die Vertriebenen und Flüchtlinge, die in großer Zahl eine neue Heimat in NRW fanden, eigneten sich den Dialekt wohl auch nur noch selten an.

Eine Darstellung der Sprachgeschichte eines Bundeslandes wird – stärker als ein Buch über die Geschichte der deutschen Sprache oder die Sprachgeschichte Deutschlands – die regionalen Besonderheiten hervorheben. Dabei sind neben den örtlichen Dialekten die überall im Lande vertretenen Regiolekte zu behandeln: Es sind regionale Umgangssprachen, die sich ans Hochdeutsche anlehnen, aber unüberhörbar lokal bzw. regional geprägt sind. Das Ruhrdeutsche, das im »Kohlenpott« schon früh an die Stelle der alten Dialekte getreten ist, dürfte der im öffentlichen Bewusstsein präsenteste Regiolekt Nordrhein-Westfalens sein. Aber auch die Regiolekte wandeln sich schon wieder, was nicht zuletzt einige neuere Untersuchungen zur Sprache junger Leute in NRW an den Tag gebracht haben.

Deutsch ist eine »plurizentrische« Sprache. Sie klingt, selbst im Munde von NachrichtensprecherInnen, in Deutschland anders als in der Schweiz oder in Österreich. Hochdeutsch (Standarddeutsch) unterscheidet sich jedoch auch innerhalb der Bundesrepublik. Was in regionaler Perspektive als Hochdeutsch zu gelten hat, zeigt sich etwa in Radio- und Fernsehsendungen (WDR-Deutsch) und wird sichtbar im innerdeutschen Vergleich. Auch im Hochdeutschen »färbt« der alte Dialekt »durch« – selbst bei Menschen, die ihn nie gesprochen haben!

Wie stark der Einfluss der ZuwandererInnen auf die deutsche Sprache heute ist, wird derzeit in der Mehrheitsgesellschaft, oft mit Vehemenz, anhaltend diskutiert. Dabei geraten auch schnell die politischen Grundeinstellungen der Diskutanten mit

11

ins Spiel. Es geht dann nicht mehr um lokale oder regionale Spracheigenheiten, sondern um nationale, wenn nicht globale Entwicklungen, die in beobachtbaren Phänomenen des Sprachwandels »vor Ort« manifest werden.

Das Land Nordrhein-Westfalen hat das »Niederdeutsche« als Regionalsprache im Sinne der »Europäischen Charta der Regional- oder Minderheitensprachen« anerkannt. Legt man als Grenzlinie der niederdeutschen Dialekte die Benrather Linie zugrunde, fallen in NRW der niederrheinische und der westfälische Sprachraum unter die Bestimmungen der Charta. So fand am 27. Oktober 2014 in der Düsseldorfer Staatskanzlei eine Besprechung statt zum Thema »Niederdeutsch in Nordrhein-Westfalen – Stand der universitären Forschung und Lehre auf dem Gebiet«. Eingeladen waren MitarbeiterInnen verschiedener Landesministerien und DialektforscherInnen. Welche sprachpolitischen Entscheidungen sind in Zukunft zu erwarten?

Nordrhein-Westfalen ist kein Bundesland wie jedes andere. Sein Grundgebiet umfasst mehr als 34 000 Quadratkilometer, hier leben heute rund 18 Millionen Menschen: Anderswo in Europa wären das die Daten eines veritablen Staates. Wie diese Menschen sprechen (und schreiben), kann in einer »Kleinen Sprachgeschichte von Nordrhein-Westfalen« in Grundzügen dargestellt und durch ausgewählte Beispiele illustriert werden – wobei sich die Entwicklungsstränge bis zu den Franken und Sachsen zurückverfolgen lassen.

Vorgeschichte

1 Franken und Sachsen

Die bis heute zwischen Rhein und Weser gesprochenen Dialekte gehen auf die Franken und Sachsen zurück. Während die Dialekte von Aachen oder Köln fränkische Wurzeln haben, führt in Münster oder Bielefeld die historische Sprachspur in die Sachsenzeit zurück. Historiker sind heute vorsichtig, wenn sie über ethnische Gruppen am Ende der Antike und in den ersten Jahrhunderten des Mittelalters sprechen; sie tendieren zu Begriffen wie »Stammesverbände« oder »Völkerschaften«, wo früher einfach von germanischen »Stämmen« die Rede war. Als also im Kontext der »Völkerwanderung« Franken und Sachsen aus unterschiedlichen Richtungen das Land besiedelten, brachten sie ihre Sprachen mit – aus denen sich die Dialekte unserer Tage entwickelt haben.

HIR MAHT THV LERNAN GVLD
BEWERVAN WELOG INDE WIS
DVOM SIGINVFT INDE RVOM

Hier kannst du lernen, Gold
zu erwerben, Reichtum und Weis-
heit, Sieg und Ruhm.

13

Diese Inschrift datiert vermutlich aus dem 9. Jahrhundert, ihre Sprache ist Fränkisch. Der Stein, in den die Inschrift eingemeißelt war, ist seit Jahrhunderten verschwunden, erhalten sind jedoch alte Abschriften. Der Text bestand aus insgesamt zwölf Worten, die zum Teil unvollständig überliefert sind und von denen zwei sogar komplett fehlen, so dass sie von Sprachhistorikern ergänzt werden mussten.

Die ursprünglich vielleicht einmal an einer Bibliothek angebrachte Inschrift stammt aus Köln. Trotz des geringen Textumfangs lässt sich hier einiges von dem beobachten, was sich in der Sprache des zweiten Jahrtausends gewandelt hat. Auffällig ist das *thu* ›du‹, bei dessen Aussprache man ruhig an das englische *th* denken kann. Zwischen Rhein und Weser waren damals also Laute zu hören, die wir heute nicht mehr kennen, und uns bekannte Laute klangen oft wohl ganz anders. Mit *welog* bietet die Inschrift eins der vielen inzwischen ausgestorbenen Wörter, bei *wisduom* und *siginuft* müsste ein Mensch des 21. Jahrhunderts raten, wenn er nach deren Bedeutung gefragt würde. Vor dem Hintergrund des Standarddeutschen wie der heutigen nordrhein-westfälischen Dialekte fällt auch das *a* in *lernan* und *bewervan* auf. Dagegen ist inzwischen der »Murmellaut« ə, geschrieben *e*, der übliche Vokal in unbetonten Silben wie in *grüßen, Gabe* oder *Gebot*. Damals war der *Appel* auch noch ein *appul*, statt *Name* oder *Nam* hieß es noch *namo*. Die Abschwächung dieser vollen Vokale hin zum blassen ə ist eine Folge unserer Wortbetonungsregeln, durch die nicht zum Wortstamm gehörende Silben zu phonetischen Statisten verurteilt werden. Auch wenn Fränkisch und Sächsisch die Mütter aller heute in NRW gesprochenen Dialekte sind – verstehen könnte ein Zeitreisender, selbst ein des Dialekts mächtiger, die Menschen des ersten Jahrtausends nicht.

Wer im münsterländischen Billerbeck oder im sauerländischen Olpe wohnt und Dialekt spricht, wird nicht auf die

Idee kommen, sein Idiom Sächsisch zu nennen: Sprecher des Sächsischen wird er eher in Dresden oder Leipzig vermuten. Ähnlich verhält es sich mit Köln und dem Kölschen: Würde man hier einen Einwohner nach dem fränkischen Dialekt fragen, bekäme man wohl einen Verweis auf Würzburg oder Nürnberg zur Antwort.

Ein Gespräch über Sprachen wird schnell zu einem Problem, wenn die Beteiligten unterschiedliche Bezeichnungen verwenden (siehe Kap. 3). Der Dialekt von Billerbeck ließe sich etwa Platt, Plattdeutsch, Mundart, Münsterländisch, Westfälisch oder Niederdeutsch nennen, in historischer Perspektive dann auch Sächsisch. Für Olpe kämen dieselben Begriffe mit Ausnahme von Münsterländisch in Betracht, an dessen Stelle wären hier noch Sauerländisch oder Südwestfälisch möglich. Zwanzig Kilometer westlich von Olpe liegt, schon im Rheinland, Gummersbach. Als Klassifizierungen des dortigen Dialekts werden neben Platt, Plattdeutsch und Mundart noch Bergisch, Ostbergisch und Niederdeutsch verwendet, unter historischen Vorzeichen gehört der Dialekt zum Fränkischen, das sich wieder unterteilen lässt, wobei das Gummersbacher Platt im Gebiet des Niederfränkischen liegt.

ich laufe – du läufst – er (sie/es) läuft
wir laufen – ihr lauft – sie laufen

Wenn Menschen mit anderer Muttersprache Deutsch lernen, stöhnen sie nicht selten über dessen komplizierte Grammatik. Beim Verb müssen sie etwa unterschiedliche Endungen und auch vertrackte Vokalwechsel im Wortstamm büffeln.

Die oben aufgereihten Präsensformen des Verbs *laufen* lauten im münsterländischen Dialekt von Riesenbeck:

laup – löps – löp
laupt – laupt – laupt

Im Dialekt von Nieukerk am unteren Niederrhein ist zu hören:

loop – löps – löpt
lope – lopt – lope

Die beiden Dialekte unterscheiden sich also u. a. dadurch, dass im Münsterland eine einzige Form für alle drei Personen im Plural gilt: (wir / ihr / sie) *laupt*. Im niederrheinischen Nieukerk gibt es einen solchen »Einheitsplural« nicht, hier variieren die Dialektsprecher ähnlich wie im Standarddeutschen: (wir / sie) *lope* – (ihr) *lopt*. Der Einheitsplural auf -*t* wird in der Dialektforschung seit langem als Abgrenzungsmerkmal zwischen den aufs Sächsische zurückgehenden Dialekten im Osten des heutigen Bundeslandes N RW und den Dialekten mit fränkischen Wurzeln im Westen benutzt. Die beide Hemisphären trennende Linie (siehe Karte) ist denn auch auf vielen Einteilungskarten zu finden. Sie verläuft in N RW von Nordwesten nach Südosten und umspielt dabei in auffälliger Weise die politische Grenze zwischen dem Rheinland und Westfalen, so dass sich tendenziell die Gleichsetzung von Rheinland = fränkischer Sprachraum und Westfalen = sächsischer Sprachraum ergibt. Bei Wenden im südlichen Sauerland trifft die Einheitspurallinie auf die Benrather Linie, die von dort an die sächsischen (nördlich) von den fränkischen Dialekten (südlich) trennt (siehe Kap. 2).

Die Stadt Essen liegt auf solchen Karten östlich der Einteilungslinie. Essen gehörte dank seines Stiftes und der dort tätigen Geistlichen zu den wichtigsten Schreiborten altsächsischer Texte – in einer Zeit, aus der sich insgesamt nur vergleichsweise wenige Sprachzeugnisse erhalten haben. Im Jahre 1350 – die

Sprache dieser Periode wird in der Forschung nicht mehr als
Altsächsisch, sondern als Mittelniederdeutsch eingestuft – entstand in Essen folgende Schenkungsurkunde:

*Cundic si allen luden dey dissen breyf seyt efte horet
lesen Dat Ich herman kerchellen dey buntmekere eyn
burgere Tho Essende geue ende hebbe ghegeuen ...*

Kund sei allen Leuten, die diese Urkunde (diesen Brief)
sehen oder hören lesen, dass ich, *herman kerchellen*, der
Pelzmacher, ein Bürger zu Essen, gebe und gegeben
habe ...

17

Es ist der »sächsische« Einheitsplural auf -*t*, der hier in dem Teilsatz *luden dey dissen breyf seyt efte horet lesen* wieder begegnet. Wenn es heute noch Essener oder Essenerinnen geben sollte, die den alten Dialekt ihrer Vaterstadt beherrschen (siehe Kap. 19), werden sie diese Einheitsform genauso benutzen wie der Autor eines 1887 veröffentlichten Gedichts im dortigen Dialekt (Auszug):

So sind de Mannslüh alltehopen;
Daut se met uns te frien lopen,
Dann dregt se bald uns op de Hänne.
Doch noh de Hochtied hett't en Enne,
Dann wädd se groww as Bohnenstroh.

So sind die Mannsleute alle zusammen;
Tun sie mit uns auf Freiersfüßen gehen,
Dann tragen sie uns fast auf Händen.
Doch nach der Hochzeit hat das ein Ende,
Dann werden sie grob wie Bohnenstroh.

Seit der zweiten Hälfte des 19. Jahrhunderts entstehen Dialektkarten für den deutschen Sprachraum, Gesamtdarstellungen wie kleinere Karten für einzelne Regionen. Die allermeisten Karten weisen bestimmte Muster auf – Kartenbilder, die man sich wie Teppichmuster einprägen und einer anderen Person beschreiben könnte. Solche »Sprachteppiche« zeichnen sich in der Regel nicht durch buntgewürfelte, patchworkartige Kombinationen aus, sondern durch bestimmte Verteilungen und Raumstrukturen. Dort, wo Verbreitungsräume verschiedener Varianten aufeinandertreffen, entstehen oft Misch- oder Kompromissformen – so auch beim Einheitsplural. Entlang der Einheitsplurallinie findet man immer wieder Ortsdialekte, in denen Formen »beider« Pluralsysteme zu hören sind. So auch in der rheinländischen Stadt Radevormwald, wo der (sächsische) Einheitsplural auf -*t* im Wechsel mit anderen (fränkischen) Pluralformen vorkommt, die Karte simplifiziert also. Die sprachliche Zwischenposition entspricht der besonderen Geographie – genau das ist eins der typischen Muster dialektaler Kartenbilder.

Kennzeichnend oder »verräterisch« ist auch der Einheitsplural auf -*en*, der sich im Osten des fränkischen Raumes entwickelt hat. Seine Lautgestalt »passt« zum fränkischen System, seine Einheitsform zum sächsischen. In Wenden und in dessen Umgebung hat der Dialekt ebenfalls für alle drei Formen -*en*. Die entsprechenden Ortschaften liegen in einem Südzipfel des Sauerlands, an drei Seiten – im Westen, Süden und Osten – von Orten mit fränkischen Dialekten umgeben; auf der Karte wird dieses Gebiet dem Fränkischen zugerechnet. In Drolshagen und Olpe, einige Kilometer nördlich von Wenden, hat sich die Einheitspluralform -*ent* etabliert, die auf der Karte als sächsische Variante behandelt wird.

Kartenbilder aus dem 19. oder 20. Jahrhundert enthalten nur ausnahmsweise weiße Flecken, der »Sprachteppich« ist sozusagen »lückenlos« geknüpft – jedes Dorf, jede Stadt wird einbezogen, wenn auch wegen der Relation von darzustellendem Raum und Kartengröße oft eine Auswahl aus dem vorhandenen Sprachmaterial getroffen werden muss. Eine Sprachkarte für die ersten Jahrhunderte des Mittelalters hätte dagegen ein anderes Aussehen, wenn man sich einmal die damalige Siedlungsstruktur vor Augen führt, wie sie etwa in der »Kleinen rheinischen Geschichte« für das fränkische Gebiet skizziert wird:

»Der Bevölkerungsrückgang, der sich um 300 angekündigt hatte, setzte sich beschleunigt fort. Im 6. Jahrhundert waren weite Gebiete des Rheinlandes verödet. Die Mehrzahl der römischen *villae rusticae* blieb unbewohnt und unbewirtschaftet. Große Teile der zuvor agrarisch genutzten Fläche blieben unkultiviert und fielen dem wiedervordringenden Wald zum Opfer.«

Fränkisch und Sächsisch – die beiden damals entstandenen Sprachräume dehnten sich weit über die Grenzen des heutigen NRW aus. Das Fränkische reichte von der Nordsee im Westen bis ins heutige Bayern, während sich das Sächsische vom Sauerland im Süden bis an die Nord- und Ostsee im Norden erstreckte. Teil dieses Sächsischen war auch die Sprache der Jüten, Angeln und »Sachsen« (»Angelsachsen«), die damals die britische Insel besiedelt haben. Unzählige DialektsprecherInnen in Nordrhein-Westfalen sind im Englischunterricht auf diese alte Sprachverwandtschaft gestoßen, wenn sie Bedeutung und Aussprache von Vokabeln gelernt haben wie *deep, friday, to give, gruff* ›grob‹, *to make, saturday, silver, seven, stop, that, what* oder *white*. Zu *wisduom* in der Kölner Inschrift passt natürlich das englische *wisdom*.

Die Sachsenkriege Karls des Großen verliefen für den fränkischen Herrscher erfolgreich mit dem Ergebnis, dass das sächsische Gebiet dem karolingischen Reich einverleibt wurde. Die Sachsen nahmen das Christentum an, ein Teil des heutigen Westfalens kam zum Erzbistum Köln. Wenn der sechste Tag der Woche in den Dialekten des Münsterlandes vielleicht bis heute *Saoterdag* und nicht *Sunnovend* oder *Sunnobend* heißt (siehe Kap. 4), ist das letztlich diesem Verlauf der Geschichte zu verdanken.

20

2 Die Benrather Linie

Eine Bonnerin wird, wenn sie die Gelegenheit hat, Dialektsprechern aus Mantinghausen, Thüle und Upsprunge zu lauschen, keinerlei Unterschiede zwischen den drei Idiomen hören. Die genannten Orte sind heute Teil der Stadt Salzkotten in Ostwestfalen, eine vierte Ortschaft heißt Scharmede. Als der örtliche Heimatverein 1987 ein Scharmeder Dialektwörterbuch herausgab, schrieb der Verfasser in seiner Einleitung:

»Die plattdeutsche Sprache des ostwestfälischen Raumes ist sehr kleinräumig differenziert. Klangfarbe und auch diverse Spezialausdrücke sind von Ort zu Ort derart deutlich, daß die Zugehörigkeit zu einem bestimmten Ort daran erkannt werden kann.«

Der Wörterbuchbearbeiter bezieht sich in diesen Zeilen auf seine ostwestfälische Heimat, in der er sich auskennt. Scharmede grenzt an Thüle, und es ist anzunehmen, dass die Scharmeder die Einwohner ihres Nachbarortes an – vielleicht nur winzigen – Dialektnuancen erkennen können. Zu Mantinghausen (westlich gelegen) und Upsprunge (südlich) werden die Sprachunterschiede dann zunehmen.

Ob nun in Ostwestfalen, im Bergischen Land oder in Wittgenstein – überall in NRW verfügen (oder verfügten) die Menschen über die Fähigkeit, in ihrer näheren und weiteren Umgebung den Herkunftsort einer Person über ihren Dialekt zu bestimmen. Man kann hören, wo jemand herkommt. Das liegt an uralten Unterschieden, aber auch daran, dass sich die Sprache im Laufe der Jahrhunderte immer wieder gewandelt hat und dass sich die dabei entstandenen neuen Varianten in unterschiedlicher Weise ausgebreitet haben – so bildeten sich viele tausend potenzielle Unterscheidungsmerkmale.

Book, Buuk, Keerek, koëke, Küek, Kölle, make,
ruke, Saak, schwaak

Buch, Bauch, Kirche, kochen, Küche, Köln, machen,
riechen, Sache, schwach

Es geht in dieser Aufzählung Mönchengladbacher Dialektwörter um das *k*, das hier gleich 14-mal vorkommt. In den standarddeutschen Pendants tritt an dessen Stelle ein *ch* in Erscheinung, es sei denn, das *k* besetzt den Wortanfang. Dieses
ch geht in allen Fällen auf ein »älteres« *k* zurück – das sich
also im niederrheinischen Mönchengladbach erhalten hat. Der
Wandel von *k* zu *ch* hat in der Sprachwissenschaft die Bezeichnung »Lautverschiebung« bekommen, das Phänomen gehört
in den Kontext der so genannten »zweiten Lautverschiebung«.
Diese hat vor der Wende vom ersten zum zweiten Jahrtausend
unserer Zeitrechnung stattgefunden; das davon betroffene Gebiet wird im Norden durch die Benrather Linie begrenzt, eine
gedachte Linie, die das südliche Viertel Nordrhein-Westfalens
vom Rest des Landes trennt.

Mönchengladbach liegt wie beispielsweise auch Bocholt
(im Westmünsterland) oder Dortmund nördlich der Benrather
Linie, während Köln oder Siegen südlich davon zu suchen
sind. Hier deren Dialektentsprechungen für die oben genannten zehn Wörter (Mönchengladbach: MG, Bocholt: Boc, Dortmund: Do, Köln: K, Siegen: Sie):

MG	*Book, Buuk, Keerek, koëke, Küek, Kölle,*
	make, ruke, Saak, schwaak
Boc	*Book, Buuk, Kerke, kocken, Köckene, Köln,*
	maken, ruken, Sake, schwack
Do	*Baok, Buuk, Keärke, koaken, Küeke, Köllen,*
	maken, ruken, Sake, swack

K	*Booch, Buch, Kirch, koche, Köch, Kölle,*
	mache, ruche, Sache, schwach
Sie	*Booch, Buch, Kiërche, koche, Keche, –,*
	mache, ruche, Sache, schwach

Die Benrather Linie verläuft zwischen den Orten mit dialektalem *make / n* und *mache / n*, sie definiert sich also durch genau dieses Variantenpaar. Dieselbe Linie gilt aber auch für eine Unzahl weiterer Wörter mit *k-ch*-Gegensatz – allerdings nicht für alle denkbaren Fälle. Entdeckt hat die Linie Georg Wenker, ein aus Düsseldorf stammender Dialektforscher, dem auch ihr Name zu verdanken ist. Als Wenker im Jahre 1877 den Verlauf der Linie innerhalb des Rheinlands beschrieb, überquerte sie den Rhein zwischen Benrath (südlich) und Düsseldorf (nördlich).

Um 1000 benutzte man, wenn, was überaus selten vorkam, überhaupt einmal geschrieben wurde, dafür das Lateinische, die Sprache der Geistlichen und Mönche – die ja auch als Schreiber tätig waren. Wenn in diesen seltenen Texten Namen auftauchen, dann oft in der damaligen Landessprache, also in ihrer fränkischen oder sächsischen Gestalt. Dem heutigen Personennamen *Dietrich* entsprachen in dieser Zeit:

Xanten	*Thiederik*
Essen	*Thiadrik*
Köln	*Thiedrich*

Die Verschiebung *k > ch* war also in Köln zu finden (*Thiedrich*), während Xanten (*Thiederik*) und Essen (*Thiadrik*) erkennbar nördlich der Verschiebungslinie lagen.

Zwischen der Entstehung und der Entdeckung der Benrather Linie liegt mehr als ein Jahrtausend. Damit stehen Aussagen über ihren früheren Verlauf unter einem gewissen Vorbehalt.

Zweierlei fällt auf: 1. Das Sächsische hat durchweg *k*. 2. Das Fränkische hat im Norden das alte *k*, im Süden den Lautersatz *ch* (*mache/n, Booch* usw.).

Die Karte zeigt den Verlauf der Benrather Linie, wie er sich im 19. Jahrhundert darstellte. Mönchengladbach, Düsseldorf, Xanten, Bocholt, Essen, Bochum, Dortmund, Olpe und Paderborn liegen nördlich, Aachen, Köln, Leverkusen, Siegburg, Siegen, Bad Berleburg und Hallenberg südlich der Linie.

In den Zusammenhang der zweiten Lautverschiebung gehört auch der Ersatz von älterem *p* durch *f* oder *pf* und von *t* durch *s* oder *z*. So lassen sich *lopen* und *lofen* ›laufen‹ vergleichen, *Water* und *Wasser* oder *setten* und *setzen*. Bestimmte Verschiebungsphänomene kommen nur im Süden Deutschlands vor (etwa *Apfel* statt *Appel*), während *lofen, Wasser* und *setzen* wie *machen* und *Booch* bis zur Benrather Linie reichen.

Über wenige Phänomene der deutschen Sprachgeschichte ist in der Forschung so intensiv und so hitzig diskutiert worden wie über die Entstehung und Ausbreitung der zweiten Lautverschiebung. Wie erklärt sich, dass die Verschiebungsfälle von Nord nach Süd immer weiter zunehmen bzw. in umgekehrter Richtung abnehmen? Im äußersten Süden sagt man dann ja sogar *Kchirche* oder *Kchind*! Warum reicht dieses *kch-* nicht bis nach Würzburg und Koblenz oder gar bis nach Köln und Siegen?

Die Benrather Linie ist eigentlich – das sei wiederholt – die gedachte Linie zwischen den Arealen von *make/n* und *mache/n*. Mit ihr fallen die *Book-Booch-*, die *lopen-lofen-* Linie und eine Unzahl weiterer Linien zusammen. Das gilt allerdings nicht für den Dialekt von Düsseldorf am Rhein. Dort sagt man zwar *make* oder *kniepe* ›kneifen‹ – daneben ist im Platt an der Düssel aber eine breite Palette von Varianten zu hören:

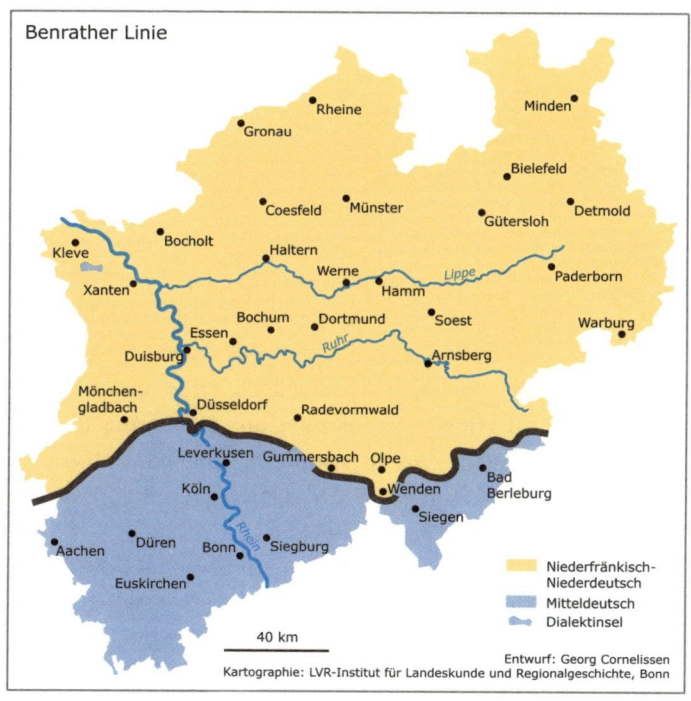

Benrather Linie

Niederfränkisch-Niederdeutsch
Mitteldeutsch
Dialektinsel

40 km

Entwurf: Georg Cornelissen
Kartographie: LVR-Institut für Landeskunde und Regionalgeschichte, Bonn

k   *Floch, floke, Kerch / Kerk, koche, Melk,*
      roche / roke

t   *Fässke, Herz, Klut, Noss, scheeße, setze / sette*

p   *kniepe, köppe, lofe, Pief, Scheff /Schepp, suffe*

Fluch, fluchen, Kirche, kochen, Milch, rauchen
Fässchen, Herz, Kloß, Nuss, schießen, setzen
kneifen, köpfen, laufen, Pfeife, Schiff, saufen

In Rheinnähe – so lautet ein wichtiges Ergebnis der regionalen
Sprachforschung – waren die Dialekte besonders offen für südliche Einflüsse. Dagegen ist die Benrather Linie innerhalb des

Bergischen Landes oder zwischen den sächsischen Dialekten im Sauerland und den fränkischen Dialekten des Siegerlandes und des Wittgensteiner Landes sehr viel »undurchlässiger«.

Als Georg Wenker 1877 die »Benrather Linie« oder auch »Benrather Grenze« beschrieb, verwendete er einen Begriff, der bis heute – oft inflationär! – gebraucht wird, wenn sprachliche Unterschiede im Raum thematisiert werden. Manchmal ist dann nicht nur von »Dialektgrenzen«, sondern sogar von »Sprachgrenzen« die Rede, wenn feine, aber kleine Unterschiede zwischen Nachbardialekten gemeint sind. Die Benrather Linie, so wie sie sich uns heute darstellt, ist jedoch keine Sprachgrenze, sondern ein Hilfsmittel zur Einteilung und Gliederung der Dialekträume. Im Osten, zwischen Solingen und dem Wittgensteiner Land, ist ihre trennende – also die Kommunikation behindernde – Wirkung allerdings erheblich.

Die Benrather Linie trifft einige Kilometer nördlich von Aachen auf die Staatsgrenze. Jenseits davon schlägt sie einen halbkreisförmigen Bogen nach Süden und dann nach Osten, um wieder auf die Grenze zu stoßen. Innerhalb dieses Bogens liegen einige niederländische und belgische Orte, deren Dialekte in historischer Sicht mit dem Aachener Platt und dem Kölschen eng verwandt sind, u. a. Kerkrade, Vaals und Raeren. Vom niederländischen Grenzort Vaals wird gern gesagt, dass dort das beste *Öcher Platt* (Aachener Platt) gesprochen werde.

Im Sauerland verlässt die Benrather Linie zwischen Winterberg (nördlich der Linie) und Hallenberg (südlich davon) das Bundesland, um dann in nordöstlicher Richtung quer durch Deutschland zu verlaufen. Sie endet an der polnischen Staatsgrenze; vor 1945 teilte sie auch Schlesien in einen nördlichen und südlichen Teil. Nördlich der Linie liegen Kassel, Magdeburg und Berlin – wohlgemerkt, wenn es um die alten Dialekte geht. In Berlin ist der eigentliche Dialekt aber vor einem Jahrhundert schon ausgestorben, *ick* oder *icke* sind nur noch Reliktformen, das »Berlinische« unserer Tage ist – wie etwa das Ruhr-deutsche – ein Regiolekt (siehe Kap. 19).

Wemme vam Düwel küert, dann es hä doe. –
Et es kein Düwel sau slimm, hä hiët sinen
Üäwerdüwel. – Wenn de Düwel in de Keärke
kömmt, well he auk glieks op'm Preäkstaul. –
De Düwel schitt ümmer op'm grötsten Haup.

Wenn man vom Teufel spricht, dann ist er da. – Es ist kein Teufel so schlimm, dass er nicht noch einen Ober-teufel hat. – Wenn der Teufel in die Kirche kommt, will er auch gleich auf den Predigtstuhl (Kanzel). – Der Teufel scheißt immer auf den größten Haufen.

Dies sind Kostproben des Dortmunder Dialekts, in denen der Teufel eine prominente Rolle spielt. *Keärke, auk, glieks, schitt* – sprachgeographisch ist der Ort eindeutig dem Raum nördlich der Benrather Linie zuzuordnen. Die Sätze vom *Düwel* waren so in der ersten Hälfte des 20. Jahrhunderts zu hören – allerdings nur bei den Menschen, die damals noch Dialekt, also Platt, be-herrschten. Um das Jahr 1000 gehörte die gesamte Bevölkerung zu dieser Gruppe, bei der Gründung Nordrhein-Westfalens war dann nur noch ein recht kleiner Teil der Menschen im Revier dieser Sprache mächtig.

3 Platt

Fränkisch und Sächsisch – weder die eine noch die andere Be-zeichnung gebrauchen die Nordrhein-Westfalen heute, wenn sie ihre daraus hervorgegangenen Dialekte beim Namen nen-nen (siehe Kap. 1). Nur für DialektforscherInnen gehören die beiden Begriffe zum Vokabular, besonders in der Präzisierung Altfränkisch und Altsächsisch. Damit ist dann die sprachhistorische Periode bis ins 11. Jahrhundert gemeint.

Eine andere Bezeichnung für das Sächsische (bzw. für dessen Nachfolgedialekte) lautet Niederdeutsch. In den Darstellungen der einschlägigen Sprachgeschichten folgt auf den Zeitabschnitt des Altsächsischen die Periode des Mittelniederdeutschen. Räumlich lassen sich innerhalb des Sächsischen (oder Niederdeutschen) verschiedene Dialektgebiete voneinander abgrenzen, darunter das Westfälische, das Ostfälische (um Hannover, Braunschweig und Magdeburg) oder das Nordniedersächsische (u. a. in Oldenburg, Hamburg und Flensburg). Schwierig am Begriff Westfälisch ist, dass er sowohl einen (territorial bzw. politisch definierten) Raum als auch eine Dialektgruppe bezeichnen kann. Beides muss sich nicht decken, so dass damit zu rechnen ist, dass innerhalb Westfalens (in welchen Grenzen auch immer) nichtwestfälische Dialekte gesprochen werden und dass jenseits der definierten Grenzen Westfalens Menschen leben, deren Dialekt wegen bestimmter sprachlicher Kriterien als Westfälisch einzustufen wäre.

Auf westfälische Märchen im westfälischen Dialekt des 19. Jahrhunderts stößt der Leser in den »Kinder- und Hausmärchen« der Brüder Grimm. Eins davon heißt »Dat Erdmänneken« und stammt aus dem Raum Paderborn. Es beginnt folgendermaßen:

Dat Erdmänneken
Et was mal en rik Künig west, de hadde drei
Döchter had, de wören alle Dage in den Schlott-
goren spazeren gaen, un de Künig, dat was so
en Leivhawer von allerhand wackeren Bömen
west; un einen, den hadde he so leiv had, dat he
denjenigen, de ümme en Appel dervon plückede,

28

hunnerd Klafter unner de Eere verwünschede. Als
et nu Hervest was, da worden de Appel an den einen
Baume so raut ase Blaud. De drei Döchter gungen
alle Dage unner den Baum un seihen to, ov nig de
Wind 'n Appel herunner schlagen hädde, awerst
se fannen ir Levedage kienen, un de Baum, de satt
so vull, dat he breken wull, un de Telgen hungen
bis up de Eere.

Das Erdmännchen
Es war einmal ein reicher König, der hatte drei Töchter
gehabt, die waren alle Tage im Schlossgarten spazieren
gegangen, und der König, das war so ein Liebhaber
von allerhand stattlichen Bäumen gewesen; und einen,
den hatte er so lieb gehabt, dass er denjenigen, der ihm
einen Apfel davon pflückte, hundert Klafter unter die
Erde verwünschte. Als es nun Herbst war, da wurden die
Äpfel an dem Baum so rot wie Blut. Die drei Töchter
gingen alle Tage unter den Baum und sahen zu, ob nicht
der Wind einen Apfel heruntergeschlagen hätte, aber
sie fanden ihr Lebtag keinen, und der Baum, der saß so
voll, dass er brechen wollte, und die Zweige hingen bis
zur Erde.

So also klingt Westfälisch aus Westfalen. Die Stadt Essen liegt
außerhalb der Grenzen Westfalens, aber auch dort spricht bzw.
sprach man einen westfälischen Dialekt (siehe Kap. 1).

Innerhalb der fränkischen Nachfolgedialekte, soweit sie in
NRW zuhause sind, wird noch einmal zwischen dem Nieder-
fränkischen (nördlich der Benrather Linie) und den übrigen
Mundarten unterschieden. Mit Hilfe der Benrather Linie und
der Einheitsplurallinie lassen sich die Dialekte Nordrhein-
Westfalens also in drei Sprachräume gliedern (siehe Karte S. 31).

Die erst im 18. Jahrhundert entstandene Dialektinsel am Niederrhein ist eine Besonderheit (siehe Kap. 10).

Wollte man die sprachliche Grundstruktur Nordrhein-Westfalens beschreiben, hätte man bei dem ungemein starken Kontrast im Südosten zwischen Westfälisch auf der einen Seite und den Dialekten des Siegerlandes und des Wittgensteiner Landes anzusetzen und die besondere Position des Niederrheins mit seinen Bezügen zum Osten und Süden zu unterstreichen. Auch wenn sich im Laufe der Jahrhunderte auf allen Ebenen des Dialekts (Lautebene, Grammatik einschließlich des Satzbaus, Wortschatz) unüberschaubar viel gewandelt hat – die alte Grundstruktur aus dem ersten Jahrtausend ist bis auf den heutigen Tag noch gut zu erkennen. Unglaublich!

»Dialekt«, »Platt« und »Plattdeutsch« – eine dieser Bezeichnungen bekommt derjenige zu hören, der Menschen in NRW danach fragt, wie sie ihre Sprachform denn nun nennen. Die Begriffe lassen sich mit einem Ortsadjektiv kombinieren (*Bönnsch Platt, Münsterländer Dialekt*). Mundart meint dasselbe. Manchmal wird auch nur auf den eigenen Sprachort verwiesen, dann spricht man in Köln eben *Kölsch* (entstanden aus *Kölsch Platt*) oder in Kleve *Kleefs* (*Kleefs Platt*). Im Rheinland haben die Nomen Dialekt und Platt oft dasselbe (neutrale) Wortgeschlecht, es heißt hier also *et Dialekt* oder *dat Dialekt* (daraus wird dann im Hochdeutschen auch schon mal: *das Dialekt*).

Definitionen des Begriffs Dialekt (Mundart, Platt) nehmen, wenn sie allgemein gehalten und systematisch angelegt sind, viele Zeilen ein und setzen wieder andere Fachtermini (»Varietät«, »langue« usw.) voraus. Eine handfeste Umschreibung der heutigen Dialekte Nordrhein-Westfalens könnte so lauten:

Dialekte sind örtlich geprägte, auf die Zeit der Franken und Sachsen zurückgehende Sprachformen (Sprachen) mit eigenem Wortschatz, eigener Grammatik und eigenem Lautinven-

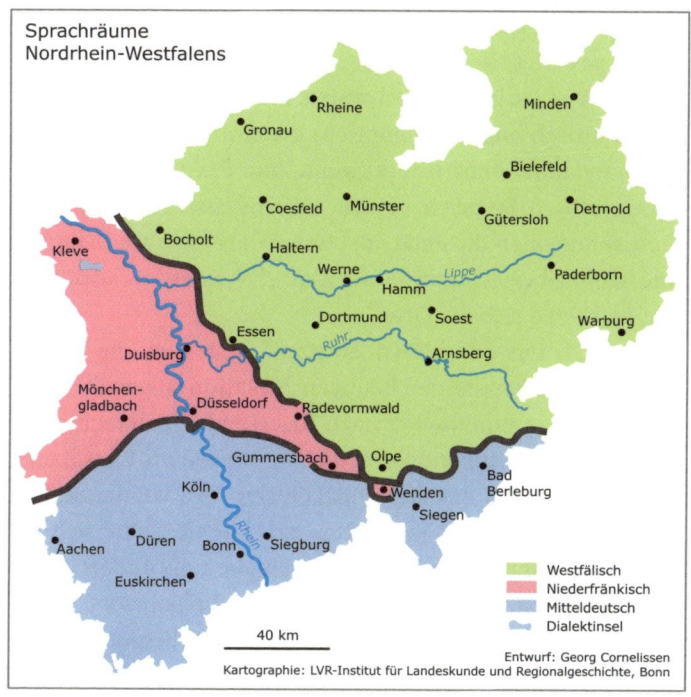

Sprachräume
Nordrhein-Westfalens

Rheine
Gronau
Minden
Bielefeld
Coesfeld Münster
Gütersloh Detmold
Bocholt
Kleve Haltern
Werne Lippe
Hamm Paderborn
Dortmund Soest
Essen Ruhr Warburg
Duisburg Arnsberg
Mönchen-
gladbach Düsseldorf Radevormwald
Gummersbach Olpe
Köln Wenden Bad
Berleburg
Siegen
Aachen Düren Bonn Siegburg
Euskirchen

■ Westfälisch
■ Niederfränkisch
■ Mitteldeutsch
〜 Dialektinsel

40 km

Entwurf: Georg Cornelissen
Kartographie: LVR-Institut für Landeskunde und Regionalgeschichte, Bonn

tar. Für Fremde, etwa für Menschen, die zuziehen und nicht aus der Umgebung stammen, sind sie mehr oder weniger unverständlich.

»Dialekt« und »Akzent« sind zwei völlig unterschiedliche Begriffe. Der Akzent begleitet eine Sprache (siehe Kap. 25), der Dialekt ist eine Sprache. Im Alltag kann man allerdings immer wieder hören, »X spricht mit einem starken rheinischen Dialekt«, wenn nur sein regionaler Akzent gemeint ist, der Rückschlüsse auf die Herkunft des Sprechenden erlaubt.

Wer heutzutage Platt spricht, beherrscht auch das Hochdeutsche, er ist sozusagen zweisprachig. Platt wird als »Dialekt des Deutschen« angesehen; die Standardsprache »überdacht«

31

dabei gleichsam all ihre Dialekte und sie ist auch das mit Prestige ausgestattete Bezugssystem, an dem die Dialekte gemessen werden. Vor tausend Jahren waren Fränkisch oder Sächsisch (oder Bairisch oder Alemannisch) die einzigen Sprachen, die das Individuum beherrschte (wenn man das Lateinische und seine wenigen Sprecher einmal beiseitelässt). All diese Sprachen nannte man dazumal »deutsch« – aber das war lediglich eine Sammelbezeichnung (siehe Kap. 4). Was jeweils »deutsch« war, entschied sich am Orte.

1946, als das Land NRW entstand, hatte sich die Sprachkonstellation bereits der heutigen Situation angenähert. Allerdings gab es unmittelbar nach Kriegsende noch recht viele Menschen an Rhein und Ruhr, die den Dialekt als Erstsprache erlernt hatten und die sich zeitlebens im Platt wohler fühlten als im Hochdeutschen (siehe Kap. 14). Für sie stellte sich die Frage nach der eigentlichen Muttersprache ganz anders als für nordrhein-westfälische Grundschulkinder im Jahr 2015.

Vielleicht konnte sich der ein oder andere Senior im Jahre 1946 noch an Predigten im Dialekt erinnern. Solange ein Teil seiner Gemeinde im Standarddeutschen unsicher war, musste sich der Geistliche auf der Kanzel gut überlegen, welche Sprache er für seine Predigt wählen sollte. Aus Endenich bei Bonn ist eine Predigt auf Platt für das Ende der 1830er Jahre überliefert:

Jja, ihr Buure, wie dat mem Ungerscheid vom Stand heh ob Erden es, esu es et em Himmel grad, nur jet ob en ander Manier. Heh git et, Barone, (als wie heh de Herr Landrooth oder de gnädige Fro von Romberg,) Grave git et, Prinze on noch allerhand. Esu sen em Himmel de Engele och engedeelt. Ihr möt net meene, dat dat all gemeen Engele üver uns wöre! Et git Schutzengele, et git Erzengele, dann en Zoort,

dat sen Cherubim, on esu gar Seraphim. No welle
mer ons ens irsch no de Schutzengele ömseen.
Die kleen Kinder han malh ene Schutzengel; dat
wesse mer lang. Han die gruuße Lück och eene
neve sich gohn? Et steht dat nergens geschreve; äver
se han ene nüdig on also han ser och ene. Wenn
ich esu denke, wann die Jongen en et Wirthshuus
gon, en der Kermeszick; on wan die Mädscher esu
dorch die Allee noch Bonn loofe.

Ja, ihr Bauern, wie das mit dem Unterschied des Stan-
des hier auf Erden ist, so ist es im Himmel gerade, nur
etwas auf andere Weise. Hier gibt es Barone (wie hier
den Herrn Landrat oder die gnädige Frau von Romberg), Grafen gibt es, Prinzen und noch allerhand. So
sind im Himmel die Engel auch eingeteilt. Ihr müsst
nicht meinen, dass das alles einfache Engel über uns
wären! Es gibt Schutzengel, es gibt Erzengel, dann eine
Sorte, das sind Cherubinen, und sogar Seraphim. Nun
wollen wir uns erst nach den Schutzengeln umsehen.
Die kleinen Kinder haben alle (jeder) einen Schutzengel;
das wissen wir seit langem. Haben die großen Leute
auch einen neben sich gehen? Es steht das nirgends
geschrieben; aber sie haben einen nötig und also haben
sie auch einen. Wenn ich so denke, wenn die Jungen
ins Wirtshaus gehen, in der Kirmeszeit; und wenn die
Mädchen so durch die Allee nach Bonn laufen.

Das (geschriebene) *g* in *grad* oder *git* wurde als *j* ausgesprochen: *jrad, jit* ›gibt‹ usw. Wer nicht aus dem Rheinland kommt,
den dortigen Dialekt nicht kennt und wenig Übung im Umgang
mit geschriebenen Dialekttexten hat, wird seine liebe Mühe haben, die Endenicher Predigt ohne Übersetzungshilfe zu verste-

hen. Man kann an vielen Stellen stolpern, aber Passagen wie *die gruuße Lück* oder *en der Kermeszick* sind ohne weiteres sicherlich nicht zu durchschauen. *Lück* (oder *Löck*) und *Zick* heißt es im Dialekt des Bonner Raumes, auch *Huck* ›Haut‹ und *Kruck* ›Kraut‹ oder *wigge* ›weiter‹ und *Zigge* ›Zeiten‹ (siehe Kap. 18). Der Ersatz des *t* durch *k* (bzw. des *d* durch *g*) ist ein typisches Merkmal der Dialekte im Großraum Köln, im Westfälischen und am Niederrhein kennt man dieses Phänomen nicht.

Zu den besonders eigentümlichen und im Rest von NRW fehlenden Lauterscheinungen der westfälischen Dialekte gehören die »Brechungsdiphthonge«. Hier einige Beispiele aus dem Raum Soest:

> *briëken / breäken, Iësel, Loëk, oëwen, Hüëwel, Tüëgel*

> brechen, Esel, Loch, oben, Hügel (oder Hobel), Zügel

Diphthonge (Zwielaute) dieser Art, in den Beispielen oben *ië*, *eä*, *oë* und *üë* geschrieben, kommen im Hochdeutschen nicht vor. Ihre Aussprache kann regional wieder variieren, statt *oë* ist z. B. oft auch *oa* zu hören. Wir können davon ausgehen, dass sie, wie die einfachen Laute in hochdeutsch *brechen, Loch* oder *Zügel*, auf alte Kurzvokale (in offener Silbe) zurückgehen. Das Eigenartige an diesen Doppellauten ist aber nicht nur ihre Phonetik, sondern auch ihre Verteilung im Raum. Auf der Karte wird *broaken* ›gebrochen‹ behandelt, hier in der altertümlichen Form ohne *ge-*. Zu erkennen ist ein fast kreisrundes Areal mit einer »Delle« im Raum Minden-Detmold, in dessen Mitte etwa Oelde liegt und das den allergrößten Teil Westfalens (mit Münster, Bielefeld oder Arnsberg) umfasst, ohne damit vollständig deckungsgleich zu sein. Denn an einigen Stellen

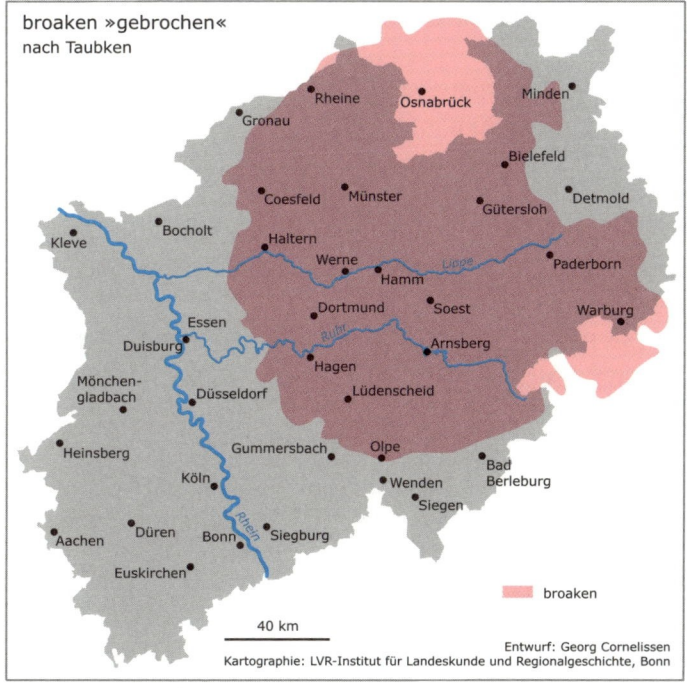

broaken »gebrochen«
nach Taubken

Rheine · Osnabrück · Minden
· Gronau
· Bielefeld
· Coesfeld · Münster · Detmold
· Gütersloh
· Bocholt · Haltern
Kleve · Werne · Paderborn
Hamm
Essen · Dortmund · Soest · Warburg
Duisburg · Arnsberg
· Hagen
Mönchen- · Lüdenscheid
gladbach · Düsseldorf
· Heinsberg · Gummersbach · Olpe
Köln · Wenden Bad Berleburg
· Siegen
Aachen · Düren · Bonn · Siegburg
Euskirchen·

40 km

broaken

Entwurf: Georg Cornelissen
Kartographie: LVR-Institut für Landeskunde und Regionalgeschichte, Bonn

reicht *broaken* über die Grenzen Westfalens (ins Bergische Land, nach Niedersachsen, nach Hessen) hinaus, anderswo erreicht es die Landesgrenze nicht (die Dialekte des Westmünsterlandes etwa bleiben außen vor; die Delle im Lipperland und im östlichen Ostwestfalen). Diese Zwielaute werden »westfälische« Brechungsdiphthonge genannt; die Dialektsprecher im Rheinland haben sie, von einigen Orten an der Peripherie (etwa Radevormwald) abgesehen, nicht übernommen.

Eine Bonner Lautform wie *Löck* ›Leute‹ oder eine Soester Form wie *Loëk* ›Loch‹ gehören zum Kernbestand des jeweiligen Dialekts. Außerhalb des Dialekts, also in der regionalen Umgangssprache (dem Regiolekt) oder im gesprochenen Standarddeutschen, sind diese sprachlichen Markenzeichen undenkbar.

Im Märchen vom *Erdmänneken* hatte es an einer Stelle geheißen: *un de Baum, de satt so vull, dat he breken wull.* Für das Paderborner Land, aus dem das Märchen ja stammt, wäre in *breken* ein Diphthong zu erwarten – die Verschriftung weicht an dieser Stelle vom gesprochenen Dialekt ab. Das große »Westfälische Wörterbuch« nennt für den Raum Paderborn *briëken* (und Varianten).

Die Bezeichnung Platt geht zurück auf Plattdeutsch, eine Zusammensetzung, die wiederum aus **plattes Deutsch* entstanden ist. Das Adjektiv *platt* hat in diesem Zusammenhang nichts mit dem platten Land (= Flachland) zu tun, sondern bedeutete hier ›klar und verständlich‹. So ist beispielsweise in einer Delfter Bibel aus dem Jahre 1524 vom *platten duytsche* die Rede.

4 *duytsch*

Im Jahre 1477 wurde in Köln das erste – und bislang einzige – Variantenwörterbuch für Nordrhein-Westfalen gedruckt. Autor war der Niederrheiner Gerard van der Schueren. Ein solches Wörterbuch enthält Wörter, die in den verschiedenen Regionen eines Sprachgebiets zur Bezeichnung derselben Sache oder desselben Begriffs verwendet werden. Das 2004 vorgelegte »Variantenwörterbuch des Deutschen« etwa dokumentiert die in der Standardsprache vorkommenden Synonyme und bezieht dabei alle sieben Staaten ein, in denen das Deutsche als Standardsprache fungiert; drei Beispiele:

– *Dachboden, Boden, Söller, Speicher, Bühne, Unterdach, Estrich*

– *Federhalter, Füllfederhalter, Feder, Fülli*
– *Samstag, Sonnabend*

Der Wiegendruck von 1477 trug den Titel:»Vocabularius qui intitulator Teuthonista. vulgariter dicendo der duytschlender«. Der »Vocabularius« (das Wörterbuch) wurde von seinem Autor in lateinischer Sprache *Teuthonista*, in seiner Muttersprache *der duytschlender* genannt. Die niederrheinisch-klevische Variante für »deutsch« lautete im 15. Jahrhundert demnach *duytsch*. Gerard van der Schueren präsentierte in seinem Buch den Wortschatz sowohl in der Reihenfolge Latein – *duytsch* als auch *duytsch* – Latein. Die *duytschen* Synonyme entstammten vor allem seiner niederrheinischen Heimat, dann auch den Nachbarregionen im Süden (Rheinland), im Osten (Westfalen) und im Westen (den heutigen Niederlanden), und er hatte auch den Wortschatz aus weiter entfernten Gegenden in gewissem Umfang aufgenommen. Wenn man die lateinischen Stichwörter einmal durch standarddeutsche des 21. Jahrhunderts ersetzt, sahen die *duytschen* Wortreihen im »Teuthonista« so aus:

Böttcher: *cuper, boedeker, vatbender, vatmeker*
Bütte: *kuven, kupen, boede, tubbe, vat*
Frosch: *vorsch, huplyng*
Hecht: *snoick, hechte*
Hund: *hont/hunt, roede*
Knochen: *beyn, but, knaick*
Kröte: *ped/pedde, pad, pog, crade, breetworm*
Mittwoch: *gudesdach, woensdach, mydweke*
Ostern: *paischen, oistren*
Samstag: *saterdach, sonaevend, sampsdach*
Topf: *pot, duppen, groppen, haven, deghel*

Man wird nicht viele Wörter im Deutschen finden, deren Geschichte so akribisch erforscht wurde wie die des Adjektivs *deutsch*. Zu dessen Vorläufern und Varianten gehört das Gerard van der Schueren im 15. Jahrhundert geläufige *duytsch* ebenso wie beispielsweise das mittelhochdeutsche *diutsch*. Die ursprüngliche Bedeutung des Adjektivs ist ›zum Volk gehörig‹, das zugrunde liegende Substantiv lautete altfränkisch *thiād* oder altsächsisch *thiod(a)* ›Volk‹. Schon früh wurde das Adjektiv auf die Sprache bezogen, so dass es ›volkssprachlich‹ oder ›in der Volkssprache‹ bedeutete. Der sprachliche Gegenpol, die Sprache der Kirche und der Gelehrten, war *latin*. *Duytsch*, wie es Gerard van der Schueren und seinen Zeitgenossen 1477 vor Augen stand, war die Bezeichnung der Landessprache, wie sie aus dem Fränkischen und Sächsischen (und Alemannischen, Bairischen …) des ersten Jahrtausends hervorgegangen war.

Es ist natürlich ahistorisch, die Bezeichnung »Variantenwörterbuch« auf den »Teuthonista« des 15. Jahrhunderts anzuwenden, der Geltungsbereich der von Gerard zusammengetragenen Wörter deckt sich auch nicht mit dem Gebiet des späteren Bundeslandes NRW. Aber bei der Lektüre dieses »Vocabularius« lernt man viel über die damalige Sprachvarianz und damit über die Vorgeschichte der heutigen Wortverteilung im Raum.

Für ›Hund‹ führte das Wörterbuch *hont/hunt* und *roede* auf, wobei *roede* der Vorläufer von *Rüe* ist, einem westfälischen Kennwort. Während *Rüde* im Standarddeutschen den männlichen Vierbeiner meint, hat dieses Wort – *Rüe* ausgesprochen – im Westfälischen seine Bedeutung zu ›Hund allgemein‹ erweitert. Auf Karten, die den westfälischen Dialektraum zeigen, ist *Rüe* häufig eingezeichnet (siehe Kap. 10).

Der neunte Band des großen »Deutschen Wortatlas« erschien 1959; er enthält eine Karte für die mundartlichen Bezeichnungen des Böttchers, des Handwerkers also, der Bottiche, Bütten oder Fässer herstellte. Das Dialektmaterial für diese Karte war in der ersten Hälfte des 20. Jahrhunderts gesammelt worden. Zwischen Rhein und Weser waren gebräuchlich: *Küpper* (oder *Küper*) im Westen und lautliche Varianten von *Böttcher*, wie etwa *Böttker*, im Osten. Das *Küper*-Gebiet reichte dabei von Schleswig-Holstein und Hamburg im Norden über Ostfriesland und Westfalen bis an den Niederrhein, setzte sich dann – mit *Küfer* – im Rheinland fort und erstreckte sich schließlich – die Varianten lauteten *Kiefer, Küefer, Küfer* – bis zum Bodensee. *Böttcher* (*Böttker, Böddeker*) nahm den ganzen Nordosten des deutschen Dialektraumes ein. Im zentralen Rheinland kam als regional bekannte Berufsbezeichnung *Fassbender* (auch *Fassbenger*) vor. Im Raum Lippstadt waren kleinräumig *Tunnenbüker* und *Tunnenmaker* zu hören.

Im »Teuthonista« findet man die drei wichtigsten Synonyme als *cuper, boedeker* und *vatbender* wieder, als vierte Bezeichnung taucht hier noch *vatmeker* ›Fassmacher‹ auf. Sprachhistorische Untersuchungen haben allerdings gezeigt, dass die Verteilung der drei nordrhein-westfälischen Begriffe im ausgehenden Mittelalter eine ganz andere war als im 20. Jahrhundert. Die Münsterländer etwa haben *cuper* erst später von den Niederrheinern und aus dem niederländischen Westen übernommen; auch nördliche Einflüsse haben dabei eine Rolle gespielt. Aus dem Jahre 1598 hat sich eine Wappentafel der Münsteraner Gilden erhalten, zu sehen war sie 2008 / 09 in der Ausstellung »Plattdeutsch macht Geschichte« im Stadtmuseum Münster. Die farbige Tafel zeigt u. a. die Wappen der *Schomaker*, der *Smedde*, der *Sneider* oder der *Steinhawer* – und auch den Wappenschild der *Boddeker* von Münster.

Fassbender ist heute ein für N RW typischer Familienname – er kommt mit einiger Häufigkeit allerdings nur in einem bestimmten Raum, nämlich in Köln und dessen Umgebung,

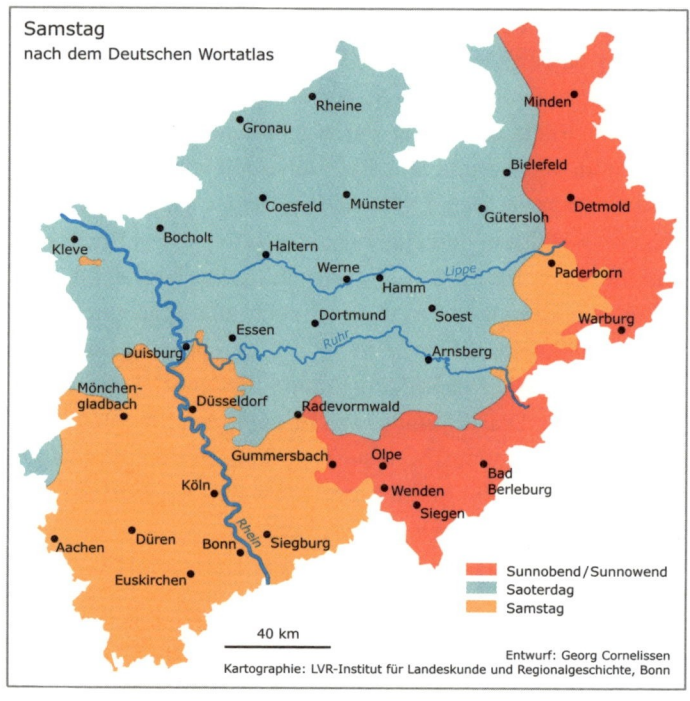

Samstag
nach dem Deutschen Wortatlas

Sunnobend / Sunnowend
Saoterdag
Samstag

40 km

Entwurf: Georg Cornelissen
Kartographie: LVR-Institut für Landeskunde und Regionalgeschichte, Bonn

vor. Hier ist der Name, der aus der regionalen Bezeichnung des betreffenden Handwerkers hervorgegangen ist, seit vielen Jahrhunderten zuhause.

Für den sechsten Tag der Woche kennt der »Teuthonista« drei Namen: *saterdach, sonaevend* und *sampsdach.* Jeder, der in Nordrhein-Westfalen heute Platt spricht, benutzt eins davon, wenn auch vielleicht in einer deutlich abweichenden Lautvariante. Bei *saterdag* handelt es sich um eine *duytsche* Nachbildung der lateinischen Wochentagsbezeichnung *Saturni dies* ›Tag des Saturn‹. Der *sampsdach* bzw. *Samstag* geht ebenfalls aufs Lateinische zurück, auf *sabbatum,* ein Wort, das sich letztlich dem hebräischen *šabbāṯ* verdankt. Der *sonaevend* oder

40

Sonnabend bezeichnete ursprünglich einmal den ›Abend vor dem Sonntag‹.

Wie sich die mundartlichen Synonyme etwa viereinhalb Jahrhunderte später, in der ersten Hälfte des 20. Jahrhunderts, räumlich verteilten, zeigt die gegenüberliegende Karte, eine Umzeichnung des »Deutschen Wortatlas«. Der Norden von NRW hatte damals *Saoterdag*, der Südwesten mit Köln *Samstag* (mit einer *Samstag*-Insel um Paderborn und Brilon), der östliche Rand *Sunnobend / Sunnowend*. Bei Radevormwald im Bergischen Land stießen die drei Wortareale aufeinander. Die kleine Dialektinsel südlich von Kleve (siehe Kap. 10) fiel wieder aus dem Rahmen (*Samschtag*).

Die Rekonstruktion der drei Worträume für das Ende des Mittelalters lässt ein ganz anderes Kartenbild erstehen: *Saoterdag* – oder wie es im »Teuthonista« heißt: *saterdag* – nahm zwischen Rhein und Weser einen weit größeren Raum als im 20. Jahrhundert ein, während *sampsdag* hier wohl noch nicht »angekommen« und nur weiter südlich in Gebrauch war. Dass *saterdag* damals so weit verbreitet war, wird auf die Kölner Kirchensprache zurückgeführt. In den zum Erzbistum Köln gehörenden Orten, also innerhalb des auf die Metropole Köln ausgerichteten Gebiets, übernahmen die Menschen bestimmte Wörter. Auch *paischen* ›Ostern‹ war eins davon.

Gerard van der Schueren war Sekretär des Herzogs von Kleve; er ist uns heute nicht nur wegen dem »Teuthonista«, sondern auch wegen seiner »Klevischen Chronik« ein Begriff. In diesem nur handschriftlich überlieferten Buch ist die Lohengrin-Geschichte enthalten:

Deseselue Jonghelynck soe men in alden historien
vyndet was geheyten Elyas / komende vyt den
ertschen paradijse / dat somighen den Grail núemen
ind was in den Scheepken myt den Swane drijuende

to Nymegen onder der Borch ind als he dan vyt
den Scheepken op dat lant trat ind die Joncfrouw to
spreken begheerden Soe trat sy vander borch ind
gynck vort den Berch aff tot desen Jonghelynck ind
sprack oen vruntlick an ind hyet oen wilkom wesen
ind leydden oen myt oer op dese Borch.

Derselbe Jüngling, wie man in alten Geschichten findet,
war Elias geheißen, kommend aus dem irdischen Para-
dies, das manche den Gral nennen, und trieb in dem
Schiffchen mit dem Schwan nach Nimwegen unterhalb
der Burg, und als er dann aus dem Schiffchen auf das
Land trat und die Jungfrau zu sprechen begehrte, so trat
sie von der Burg und ging den Berg hinunter und sprach
ihn freundlich an und hieß ihn willkommen sein und
führte ihn mit sich auf diese Burg.

Der Doppelbuchstabe *oe* konnte verschiedene Lautwerte haben.
In *oen* ›ihn‹ und *oer* ›ihr‹ könnte ein *ö* gemeint gewesen sein:
Denn *ön* und *öhr* heißt es noch heute in den Dialekten des
Klever Raumes. Dagegen wird es sich beim *oe* in *soe* ›so‹ vermutlich um ein langes *o* gehandelt haben. Die Neigung, einen
langen Vokal in der Schrift durch ein nachgestelltes *e* (oder *y*
oder *i*) zu markieren, war im ausgehenden Mittelalter ein Cha-
rakteristikum der regionalen Schreibsprachen zwischen Rhein
und Weser.

5 Von Gutenberg bis Luther

Zwei Revolutionen veränderten den Lauf der Sprachgeschichte: die Erfindung des Buchdrucks mit beweglichen Lettern im
15. Jahrhundert und die Entstehung und Verbreitung der neu-

hochdeutschen Schriftsprache im 16., an der Martin Luther einen besonderen Anteil hatte (siehe Kap. 6).

Bis zur Erfindung des Buchdrucks mussten Texte, die vervielfältigt werden sollten, von Hand abgeschrieben werden. Damit waren ihrer Verbreitung bereits Grenzen gesetzt, denn das Kopieren war teuer. Texte aus Münster, Soest, Kleve oder Köln ließen sich auch aus sprachlichen Gründen nicht beliebig weit streuen: Ihr potenzieller Verbreitungsradius richtete sich nach der Verstehbarkeit der verwendeten Sprache (es sei denn, man benutzte das Lateinische). Im Spätmittelalter hatten sich überall Schreibsprachen entwickelt, die auf den gesprochenen Dialekten aufbauten: westfälische, niederrheinische und rheinische Schreibsprachen – die damalige Sammelbezeichnung für diese Sprachformen war *duytsch* (*dudesch*...) (siehe Kap. 4).

Im 14. Jahrhundert hatten diese regionalen Schreibsprachen dem Lateinischen den Rang abgelaufen: In immer mehr Urkunden und Verwaltungsschriftstücken wurde *duytsch* verwendet, während sich Latein als Sprache gelehrter und kirchlicher Texte behaupten konnte. In den *duytschen* Schriftstücken wurden die Besonderheiten der einzelnen Ortsdialekte in der Regel allerdings nicht abgebildet – zu viele Varianten und Petitessen hätten den kommunikativen Radius noch weiter eingeengt.

Die Stadt Soest schrieb sich im 14. Jahrhundert *Suist* oder *Suyst*, daneben *Soest*, *Soist* oder *Soyst*. Seit der Mitte des 15. Jahrhunderts dominierten die Schreibvarianten *Soist/Soyst*; so blieb es auch in den nächsten 150 Jahren – heute ist *Soest* die offizielle Schreibung. Das nachgestellte *y*, *i* oder *e* diente seinerzeit als Längenzeichen wie das »stumme« *h* in der heutigen Schriftsprache (*Stahl, Sohle, Stuhl*). Deshalb spricht sich Soest heute auch *Sohst*; für *Soist* und *Soyst* zu Beginn der Neuzeit darf man dieselbe Aussprache voraussetzen.

In der zweiten Hälfte des 15. Jahrhunderts blieben die regionalen Schreibsprachen in Gebrauch, in gedruckten wie in handschriftlichen Texten, im öffentlichen wie im privaten Schriftverkehr. Daran änderte sich auch in den ersten Jahrzehnten des 16. Jahrhunderts nur wenig. Aus dem Jahr 1505 datiert der Brief einer Rheinländerin an ihre Mutter. Die junge Frau, die damals zwischen 20 und 25 Jahre alt gewesen sein dürfte, bat in diesem Schreiben um Geld und andere Zuwendungen:

Jhesus Christus zoe voeren geschreven.
Lieve vruntliche moder!
Uch geliefft zoe wyssen, dat ich van der genaden
Gotz starck ind gesunt byn, desselven ich myt
groissem verlangen van uch begeren zoe vernemen,
want seder dat unse susteren tzoelest by uch waren,
en haen ich neit van uch kunnen vernemen, off it
uch wail oder ovel gynge. Daerumb ich mych sere
bedroifft haen, want yr ons doe ontboit, op eyn cortz
zoe ons zoe komen ind dat gelt selver zoe brengen,
wilcher yr neit gedaen en hait. Lieve moder, soe
bidden ich uch vruntlichen, dat yr des doch nu neit
langer vertzeyen en wylt [...].

Jesus Christus zuvor geschrieben.
Liebe freundliche Mutter!
Euch beliebe zu wissen, dass ich durch die Gnade
Gottes stark und gesund bin, was ich auch mit großem
Verlangen von Euch zu vernehmen begehre. Denn seit
unsere Schwestern zuletzt bei Euch waren, habe ich
nicht von Euch vernehmen können, ob es Euch wohl
oder übel gehe. Es hat mich deshalb sehr betrübt, denn
Ihr habt uns da entboten, in kurzer Zeit zu uns zu
kommen und das Geld selbst zu bringen, was Ihr nicht

getan habt. Liebe Mutter, so bitte ich Euch freundlich, dass Ihr das doch nicht länger hinauszögern
wollt [...].

Die junge Schreiberin heißt Nesgen van Schelten und ist im
Jahr 1505 Ordensschwester (*suster*) im Franziskanessenkloster
in Rath bei Düsseldorf, wo sie den Bittbrief an ihre Mutter, die
sie ihrzt, verfasst. *Söster* oder *Süster* ist bis heute ein Wort, das
in vielen Dialekten Nordrhein-Westfalens ›Schwester‹ heißt;
das Pendant im Niederländischen lautet *zuster*. Nesgen verwendet hier die rheinische Schreibsprache.

Den Doppelbuchstaben *oe* (wie in *Soest*) schreibt Schwester Nesgen in *zoe, voeren, doe* und *soe*. Nachgestelltes *i* (wie
in *Soist*) begegnet in ihrem Brief in *groissem, bedroifft* oder
onboit. Analog dazu schreibt sie *ae* und *ai*, um die Länge des
betreffenden Lautes zu markieren: *haen, daerumb, gedaen –
wail, hait*. In einem Wort wie *neit* ›nicht‹ lässt sich dagegen
nicht einwandfrei entscheiden, ob das *i* wiederum der Längen-
kennzeichnung dient oder ob hier ein Zwielaut wie im niederländischen *mei* oder deutschen *Neid* gemeint sein könnte.

Aus heutiger Sicht fällt auf, dass die Schreiberin zahlreiche
»Umlaute« graphisch nicht kenntlich macht. So schreibt sie ein
u in *gesunt* oder *unse*; dasselbe *u*-Zeichen gebraucht sie aber
auch in *vruntliche, uch* oder *susteren*, wo sie vermutlich die
Umlaute *ü* oder *ö* gesprochen hat. Dagegen lässt das *ie* in *Lieve*
›liebe‹ und *geliefft* ›beliebe‹ moderne Leser kaum stutzen – im
Falle des langen *i*-Lautes gehört ja das nachgestellte *e* noch
immer zum Inventar der Längenzeichen. Deshalb fallen Namen
wie *Bielefeld* oder *Siebengebirge* im 21. Jahrhundert auch gar
nicht auf – im Gegensatz zu *Soest* und *Coesfeld* oder *Grevenbroich* und *Troisdorf*.

Die Verwendung der Buchstaben *y, i* und *e* als Markierung
von Langvokalen ist ein typisches Merkmal des Raumes, der im

20. Jahrhundert zu Nordrhein-Westfalen werden sollte. Zwar lassen sich sowohl in zeitlicher wie in räumlicher Perspektive beträchtliche Schwankungen und auch Entwicklungen beobachten, das Phänomen aber ist bemerkenswert.

Im Jahre 1533 erschienen im Druck die »Bekenntnisse van beyden Sacramenten, Doepe und Nachtmaele tho Munster«. Ihr Verfasser war der später in Münster als Täufer hingerichtete Bernhard Rothmann. Die Sprache des Druckwerks war noch ganz der westfälischen Schreibtradition verpflichtet. Hier der Anfang des Textes:

Wat dat wort sacramentum hete und eigentlyck sy. Angesehen in gemeyner rede und gebruke beide Doepe unde Aventmael / mit dem worde Sacrament genoemt werden / Bysunderen want oick de gemeyne eynfoeldighe man dit wort baven mate hoich achtet [...] / so willen wi anfencklick van dem wort Sacrament reden / unde wat dat eygentlick sy koertlick erweghen / Unde wo wal dit wort Sacrament van beyden doepe unde aventmael nergens in der schrift uithgedruckt bevunden woert / So hebben dan noch de olden (so ver men dit wort in synen naturliken verstande verstehet) den verstandt der beyden / nicht uneven dar medde bedudeth wo wi dan nu vort besehen willen.

Was das Wort sacramentum heißt und eigentlich ist. Angesichts dessen, dass in allgemeiner Rede und in allgemeinem Gebrauch sowohl Taufe als auch Abendmahl mit dem Wort Sakrament bezeichnet werden, besonders weil auch der gemeine einfältige Mann dieses Wort über alle Maßen hochachtet [...], so wollen wir zu Anfang von dem Wort Sakrament reden und,

46

was das eigentlich sei, kurz erwägen. Und wiewohl dieses Wort Sakrament weder für ›Taufe‹ noch für ›Abendmahl‹ in der Heiligen Schrift verwendet wird, so haben dennoch die Alten (sofern man dieses Wort in seiner natürlichen Bedeutung versteht) die Bedeutung der beiden nicht unzutreffend damit erfasst, wie wir nun gleich betrachten wollen.

Die Doppelbuchstaben *oe* und *ae* kommen vor in *Doepe, genoemt, eynfoeldighe, koertlick, woert* und in *Aventmael* (wobei auch Umlautfälle enthalten sein können). Ein nachgestelltes *i* begegnet in *oick* und *hoich*; in *uithgedruckt* wird *u* mit dem Längenzeichen *i* kombiniert, die westfälische Aussprache lautet *uut* ›aus‹.

Die spätmittelalterlichen Schreibsprachen boten den Schreibenden große individuelle Freiräume: So konnten sie statt *oe*, wenn es um einen Langvokal ging, *oy* oder *oi* schreiben und auch einfaches *o*. Ein Stadtschreiber in Duisburg hatte beispielsweise für das mit dem hochdeutschen *Kür* verwandte Wort um 1440 nicht weniger als zehn verschiedene Varianten: *koer, koir, kor, kur, kuer, kuyr, kůer, kůr, kůir* und *kůyr*. Eine <u>Orth</u>ographie im Sinne einer verbindlichen <u>Recht</u>schreibung fehlte noch.

Um 1500 gab es allerdings nicht viel mehr als eine Handvoll Menschen, die des Schreibens kundig waren. Viele von ihnen lassen sich als »Schreibprofis« charakterisieren, als berufsmäßige Benutzer und Verfasser schriftlicher Texte. Diese Männer – Frauen gehörten seltener dazu – hatten dann oft auch mit Texten aus anderen Gegenden des Deutschen Reiches zu tun. Das war nicht zuletzt die Voraussetzung dafür, dass sich innerhalb einer regionalen Schreiblandschaft neue Moden etablieren konnten, weil man begann, fremden Vorbildern zu folgen.

In einem Formularbuch aus Köln, 1527 gedruckt, forderte der Autor von einem Kanzleischreiber – dem Inbegriff des Schreibprofis – weit überdurchschnittliche Sprachkenntnisse im *duytschen*:

> *Eyn schriuer wilcher land art der in duytscher*
> *nacioin geboren is / sal sich zo vur flyssigen / dat*
> *he ouch ander duitsch / dan als men in synem*
> *land synget / schriuen lesen und vurnemen moeg.*
> *Als is he eynn Franck / Swob / Beyer / Rynlender*
> *etc. sall ouch sassenscher / merckysscher Spraiche*
> *enys deyls verstandt hauen. Des gelichen wede-*
> *rumb / is eyner eyn Saß / Merker etc. he sal sich*
> *des hochduytzchen myt flissigen. dan eynem*
> *beroemden schriuer kumpt mencherleye volck zu*
> *hant / vnd wan als dan eynn yglicher wulde ader*
> *sulde syngen als ym der snauel gewassen were, /*
> *so bedörfft men wail tussen eynem Beyeren vnd*
> *Sassen eyn tolmetsch.*

Ein Schreiber, in welchem Land deutscher Nation
er geboren sei, soll sich zuvor befleißigen, dass er auch
anderes *Duitsch* als [das, was] man in seinem Land
singt, schreiben, lesen und verstehen kann. Wenn er ein
Franke, Schwabe, Bayer, Rheinländer etc. [ist], soll [er]
auch die sächsische [oder] märkische Sprache teilweise
verstehen. Desgleichen wiederum ist einer ein Sachse
[oder] Märker etc., soll er sich des Hochdeutschen mit
befleißigen. Denn einem berühmten Schreiber kommt
mancherlei Volk unter, und wenn dann ein jeder singen
wollte oder sollte, wie ihm der Schnabel gewachsen
ist, so benötigte man wohl zwischen einem Bayern und
Sachsen einen Dolmetscher.

Die Frage des Dolmetschens oder Übersetzens sollte sich dann mit der Einführung des Neuhochdeutschen zumindest partiell erledigen.

6 Der Übergang zum Hochdeutschen

Das Besondere am Hochdeutschen unserer Tage ist, dass man sich mit seiner Hilfe überall in Deutschland verständigen kann – mündlich wie schriftlich. Auch wenn es geographische Varianten gibt (wie *Samstag* und *Sonnabend* oder *Brötchen, Semmel* und *Schrippe*), ist damit doch die Kommunikation zwischen Menschen aus allen Teilen des Landes gewährleistet und auch zwischen Deutschsprachigen aus Belgien, Österreich oder Südtirol. Der Ausgangspunkt für diese sprachliche Erfolgsgeschichte ist im 16. Jahrhundert zu suchen.

Damals gaben Kanzleien, Gerichte und Schulen die regionalen Schreibsprachen auf zugunsten des Hochdeutschen oder eines Vorläufers dieser Sprache. Auf der Ebene der Schriftlichkeit lässt sich dieser Prozess gut nachverfolgen: In den aus dem 16. und 17. Jahrhundert stammenden Büchern und in den bis heute in Archiven aufbewahrten Schriftstücken sind die verschiedenen Stadien des Sprachwechsels recht gut zu erkennen.

Das Hochdeutsche (die Standardsprache Deutschlands) hat seine sprachgeographische Ausgangsbasis im Großraum Thüringen – Sachsen – nördliches Bayern. Hier herrschte im 15. Jahrhundert bereits eine im Vergleich zum Westen des Reiches relativ große Einheitlichkeit in der geschriebenen Sprache. Für die Einwohner Dresdens oder Nürnbergs waren die sprachlichen Veränderungen des 16. Jahrhunderts demzufolge viel weniger »krass« als für Rheinländerinnen und Westfalen. Konnte man dort im Osten den Eindruck haben, dass sich die Schreibsprache weiterentwickelte, kam es aus der Sicht der

Menschen zwischen Rhein und Weser zu einem regelrechten Umbruch. In der Stadtrechnung von Ratingen über das Jahr 1567/68 finden sich die folgenden Zeilen:

Rechenschafft vnnd Beweiß von allem Jnnemen vnd außgeuen von wegen vnd zu behoeue der statt Ratingen entfangen vnd außgeuen. Anno etc. thausendt Vunffhundert Sechtzich sieben auf holtfarts tagh angainde Vnd auf holtfarts tagh Anno etc. Sechtzich Acht außgainde.

Dreizehn Jahre vorher (1554/55) hatte der Ratinger Stadtschreiber die ›Ausgaben‹ noch *vißgeuen* (und nicht *außgeuen*) genannt, der *holtfartz Dach* war noch nicht zum *holtfarts tagh* geworden: Die Neuerungen signalisieren unmissverständlich und unübersehbar den Willen zum Wechsel aufs Hochdeutsche. In vielen Punkten bleibt der Schreiber aber im Alten verhaftet, so wenn er als erstes Element in ›Holzfahrtstag‹ weiterhin *holt*-schreibt. Auch das als Längenzeichen dienende *i* in *angainde* und *außgainde* erinnert an »früher«; die beiden Begriffe sind mit ›angehend‹ und ›ausgehend‹ zu übersetzen und bedeuten ›beginnend‹ und ›endend‹.

Nimmt man einmal die Sprachwahl der städtischen Kanzleien zum Maßstab, dann hat sich der Übergang zum Hochdeutschen in Paderborn zwischen 1550 und 1570 vollzogen. In Bielefeld erstreckte sich der betreffende Zeitraum von 1560 bis 1589, in Bochum von 1565 bis 1580, in Lemgo von 1565 bis 1583 und in Gronau von 1570 bis 1630 – immer auf schriftliche Texte bezogen. In Münster hatte der Übergangsprozess in der städtischen Schreibstube bereits 1543 eingesetzt, in der Kanzlei des dortigen Fürstbischofs sogar noch ein Jahrzehnt eher. Der Sprachwechsel verlief hier von oben nach unten, Hochdeutsch benutzte man zunächst im Schriftverkehr nach außen, dann intern. Ähnlich wie in Münster wird es wohl überall gewesen sein:

> »Schließlich gehen auch der klientennahe innerstädtische Schriftverkehr sowie die niedere Gerichtsbarkeit zum Hochdeutschen über, die Bereiche, die in direktem Kontakt zur Bevölkerung stehen. Zuletzt wird das private Schriftwesen vom Wechsel erfasst: Privaturkunden, Testamente, Briefe, private Aufzeichnungen und dergleichen.«

Als die Stadt Wesel im Jahre 1614 eine neue Armenordnung erließ, hatte deren Anfang folgenden Wortlaut:

> *Armen Ordnungh der Statt Wesell.*
> *Wir Burgermeistere Scheffen Vnnd Raht der Statt*
> *Wesell, Thuin kundt Vnnd Zeugen hiemit Vor*
> *uns Vnnd unsere nachkommen Nachdem wir auß*
> *errinnerungh Gottliches wordts uns schuldich*
> *pekennen, Vnser ampt der Obrigkeit also Zu fuhren*
> *Vnnd anZustellen, daß [...].*

In *Thuin kundt* ›tun kund‹ zeigt sich noch einmal ein nachgestelltes Vokalzeichen als Längenmarkierung, wie es für die regionalen Schreibsprachen des späten Mittelalters so typisch gewesen war; bei dieser Formel folgte der Weseler Schreiber vermutlich älteren Vorlagen. In *pekennen* ›bekennen‹ sticht ein »bayerisches« *p* ins Auge, ein Hinweis darauf, dass das Hochdeutsche zu Beginn des 17. Jahrhunderts noch lange nicht uniform und in manchen Punkten noch weit von den Normen der heutigen Schriftsprache entfernt war. In der Sprachwissenschaft wird die Periode bis etwa 1650 »Frühneuhochdeutsch« genannt.

Im 16. Jahrhundert war die Zeit »reif« für die große sprachliche Umwälzung, als die sich die Entstehung und Ausbreitung der neuhochdeutschen Schriftsprache darstellt. Der Buchdruck bildete die Bedingung für deren Möglichkeit, die Reformation und die unglaublich intensive Auseinandersetzung darüber sorgten für eine bis dahin undenkbare Verdichtung der Kommunikation innerhalb des Deutschen Reiches. Martin Luther ist gewiss nicht der alleinige Vater des Neuhochdeutschen. Ohne ihn und seine Bibelübersetzung wäre aber die deutsche Sprachgeschichte anders verlaufen. Deshalb kann man seinen Namen durchaus benutzen, um den Anfang eines neuen Abschnitts der Sprachgeschichte zu markieren (siehe Kap. 5).

In der Pfarrkirche von Mülheim an der Ruhr wurden im Jahre 1622 genau 40 Trauungen vollzogen. Die Zunamen der Eheleute, wie sie im dortigen Kirchenbuch zu finden sind, atmen den sprachlichen Zeitgeist, etwa wenn der Pastor ein neuhochdeutsches *au* schrieb in den Namen *Henrich im Backhauße* oder *Elsa von Heithaußen*, auch bei *Brauns Brauns*. Ältere Varianten dieser Namen werden ein *u* gehabt haben. Beinamen mit der hochdeutschen Präposition *zu* tauchen oft auf, so bei *Angneis zu Nienhausen* oder *Herman zum Hofe*. Eine Braut aber hieß *Hilla der Baven*, wobei *der* auf *ter* (aus *te* + *der*) zurückgehen wird, der alten regionalen Entsprechung von *zur*. Dass Mülheim nördlich der Benrather Linie (siehe Kap. 2) liegt, belegen auch Namen wie *Metta vom Timmerscheit* (›Zimmer-‹), *Broeß off dem Bockholt* (›Buch-Holz‹) oder *Maria Schomeckers* (›Schuhmacher‹).

Noch heute tragen viele Menschen in NRW einen Familiennamen, der erkennen lässt, dass er einst im Gebiet nördlich der Benrather Linie entstanden ist. Namen wie *Timmermann* oder *Schönmakers* sind echte Sprachrelikte. Mit der Einführung des Hochdeutschen aber war die alte Teilung des Raumes zwischen Rhein und Weser in gewisser Weise überwunden.

Zu den nordrhein-westfälischen Städten, in denen im 18. Jahrhundert Drucker tätig waren, gehört auch Münster. Der letzte dort erschienene Druck in der »alten« Sprache ist – soweit heute bekannt – ein Lektionar, also ein liturgisches Buch, dessen Titelblatt folgenden Text trug:

Evangelia Und Epistelen / Als de up alle Sondage /
oick besondere Feste und Fyrdage der H(ylligen)
Goddes / Dorch dat gantze Jahr na dem olden
Gebruke geholden / und dem Christgelǒvigen Volke
vorgedragen werden.
Gedruckt to Mǔnster in Westphalen / By den Erben
Raeßfeldt / Jm Jahr 1706.

Evangelien und Episteln, wie sie auf allen Sonntagen, auch [auf] besonderen Festen und Feiertagen der Heiligen Gottes das ganze Jahr hindurch nach altem Brauch gehalten und dem christgläubigen Volk vorgetragen werden.
Gedruckt zu Münster in Westfalen bei den Erben Raeßfeldt im Jahr 1706.

Der Übergang von den regionalen Schreibsprachen zum Hochdeutschen zog sich über mehr als ein Jahrhundert hin. Der Münsteraner Druck von 1706 ist ein sehr später »Nachzügler«, im 18. Jahrhundert schrieb man zwischen Rhein und Weser längst Hochdeutsch. Wie man <u>sprach</u>, ist allerdings von heutiger Warte aus sehr viel schwerer zu ermessen. Alle oder fast alle beherrschten den örtlichen Dialekt (siehe Kap. 9). Vermochten die Gebildeten und die Schreibprofis einigermaßen problemlos zwischen Dialekt und Hochdeutsch zu wechseln? Wie wirkte sich der Kontakt von städtischen Kaufleuten mit Menschen aus anderen Teilen des Reiches auf ihre Sprachfertigkeiten aus? Konnten die »einfachen Leute« – falls sie in den Genuss des Privilegs kamen, eine Schule zu besuchen und dort lesen und schreiben zu lernen – auch nach der Schrift <u>sprechen</u>? Verlässliche Angaben dazu finden sich nur selten. Die mit der Zeit stetig besser werdende Schulbildung führte allerdings dazu, dass die Vertrautheit mit dem Hochdeutschen zunahm. Am Ende des 19. Jahrhunderts wird man dann in Westfalen und im Rheinland nur noch wenige Menschen angetroffen haben, die der Schulsprache – auf welchem Niveau auch immer – nicht mächtig waren. Wer beide Sprachen, das daheim erlernte Platt und die in der Schule vermittelte Schriftsprache, beherrschte, musste sich dann entscheiden, mit wem er wann und wo wie sprechen wollte. Damit hatte das Zeitalter der Sprachwahl begonnen.

7 Die Sprachgrenze im Westen

Die heutige Staatsgrenze zwischen NRW und dem Königreich der Niederlande ist zugleich eine Sprachgrenze: Hier wird Deutsch, dort Niederländisch gesprochen. Sie hat jedoch einen völlig anderen Charakter als etwa die deutsch-polnische Staats- und Sprachgrenze im Osten. Denn Niederländisch und Deutsch sind »Schwestersprachen«: Beide gehen aufs Westgermanische zurück, zu dem auch das Englische gehört. Allerdings ist die sprachliche Verwandtschaft zwischen Niederländisch und Deutsch besonders groß, was viele Menschen in Nordrhein-Westfalen auch aus eigener Erfahrung wissen.

Der folgende niederländische Text und seine Übersetzung ins Deutsche mögen hier als Illustration des Begriffs Schwestersprachen dienen. Thema des Textes sind die Dialekte im Grenzraum Sittard – Gangelt; Gangelt (Kreis Heinsberg) liegt ganz im Westen von NRW, der Nachbarort Sittard gehört zur niederländischen Provinz Limburg.

Hedendaagse dialectonderzoekers kennen een
voorganger in de persoon van Jacob Kritzraedt uit
Gangelt, een plaatsje vlak over de grens bij Sittard.
Deze jezuït uit de 17de eeuw was hevig geïnteres-
seerd in de geschiedenis van zijn eigen streek. Hij
toonde ook grote belangstelling voor het dialect,
zijn ›moerspraick‹. Zo vergeleek hij de uitspraak
van woorden tussen verschillende dorpen en
bestudeerde hij de grenzen van de dialecten. Voor
een deel zijn dat grenzen die nog steeds bestaan.

Heutige Dialektforscher kennen einen Vorgänger in
der Person von Jacob Kritzraedt aus Gangelt, einem Ort
direkt hinter der Grenze bei Sittard. Dieser Jesuit aus
dem 17. Jahrhundert war stark an der Geschichte seines
eigenen Landstrichs interessiert. Er zeigte auch großes
Interesse für den Dialekt, seine ›moerspraick‹. So ver-
glich er die Aussprache von Wörtern zwischen verschiedenen Dörfern, und er studierte die Grenzen der Dialekte. Zu einem Teil sind es Grenzen, die noch stets
bestehen.

Um 1500 existierte die deutsch-niederländische Sprachgrenze
noch nicht. Wer damals etwa von Münster über Bocholt, Emmerich und Kleve nach Utrecht und dann weiter nach Amsterdam gewandert wäre, hätte in jeder Stadt Schriftstücke stu-
dieren können, deren Sprache und Schreibung den Texten
aus den Nachbarorten ähnelten: Die lokalen und regionalen
Schreibsprachen gingen ineinander über. Parallel zum Hochdeutschen entstand dann im 16. / 17. Jahrhundert das Niederländische, das die alten kleinräumigen Schreibsprachen in Holland,
Brabant oder Flandern ersetzte. *Nederduytsch* oder *Neder-*
landsch nannten die Menschen diese frühneuzeitliche Spra-

che, heute heißt sie *Nederlands*; im Englischen aber trägt sie (noch immer) den Namen *Dutch*.

Ausschlaggebend für die Teilung des alten Sprachraums zwischen Nordsee und Alpen und für die Entstehung der beiden Schwestersprachen war die staatliche Trennung: Sie hatte mit der Eigenständigkeit der burgundischen Niederlande begonnen und mündete in die Herauslösung des Gebiets im Westen aus dem Deutschen Reich. In einer Reihe von Orten und historischen Territorien, die heute zu NRW gehören, wurde zwischen dem 16. und 19. Jahrhundert ebenfalls Niederländisch geschrieben, manchmal neben dem Deutschen, manchmal auch ohne schriftsprachliche Konkurrenz, wobei territoriale, politische, religiöse (konfessionelle) und kulturelle Faktoren im Spiel sein konnten. Innerhalb Westfalens sind der Raum Ibbenbüren (die Obergrafschaft Lingen) sowie die Orte Gronau, Steinfurt, Anholt und Werth zu nennen. Daran schloss sich der untere Niederrhein (u. a. mit Kleve, Emmerich, Wesel, Geldern, Moers, Krefeld und Viersen) an, ferner Erkelenz und Wegberg mit ihren Umlanden.

Am stärksten und nachhaltigsten wurde der Raum Geldern vom Niederländischen geprägt. Im 18. Jahrhundert war hier die preußische Provinz Obergeldern zu finden, die Stadt Geldern beherbergte die Provinzverwaltung. Als dort im Jahre 1785 ein Reglement für die Lateinschulen erschien, begann es mit den Worten:

> *TUsschen de verscheyde voorwerpen van 't welzyn*
> *der getrouwe Onderdaenen, die de bezondere*
> *opmerkzaemheid van zyne Koninglyke Majesteits*
> *behoedende oppermacht en Vaederlycke zorge*
> *vereysschen [...].*

Unter den verschiedenen Gegenständen der Wohlfahrt der getreuen Untertanen, die die besondere Aufmerksamkeit der behütenden Souveränität und väterlichen Sorge seiner Königlichen Majestät erfordern [...].

Dieser König war der weit entfernt residierende Friedrich II. von Preußen.

Vergleicht man die geldrische Sprachprobe des Jahres 1785 mit modernem Niederländisch, fällt u. a. das *ae* ins Auge, das sich an die Schreibgewohnheiten des Mittelalters anschloss: *Onderdaenen, opmerkzaemheid, Vaederlycke zorge.* Dagegen wird heute *aa* geschrieben: *Hedendaagse, plaatsje* usw. In zahlreichen Ortsnamen am unteren Niederrhein, gerade im ehemals obergeldrischen Gebiet, begegnet das im 18. Jahrhundert noch schriftsprachliche *ae* bis heute: *Kevelaer, Straelen, Schaephuysen, Saelhuysen, Baersdonk, Gaesdonck* usw. Namen wie diese können also auf eine relativ kurze Zeit zurückliegende Periode der regionalen Sprachgeschichte verweisen. Im 19. Jahrhundert wurde das Niederländische dann überall im Rheinland und in Westfalen durch das Deutsche ersetzt (siehe Kap. 8).

Im Westen von NRW kennen die Menschen die *Fitz* oder die *Fietze* als Bezeichnung für das Fahrrad (siehe Karte S. 58). Es ist der typische Fall einer »Grenzentlehnung«, also einer Wortentlehnung über die Grenze hinweg. Im Niederländischen heißt das pedalbetriebene Zweirad *fiets*.

Die Dialekte, die auf beiden Seiten der Staatsgrenze gesprochen werden, waren ehedem eng miteinander verwandt – überall. Dieses Phänomen wird als Dialektkontinuum bezeichnet. Ob man nun die Dialekte der westmünsterländischen Stadt Vreden und ihres niederländischen Nachbarortes Winterswijk oder das Platt von Aachen und Kerkrade untersucht, stets zeigt sich die alte Sprachverwandtschaft – das gilt auch für Gangelt

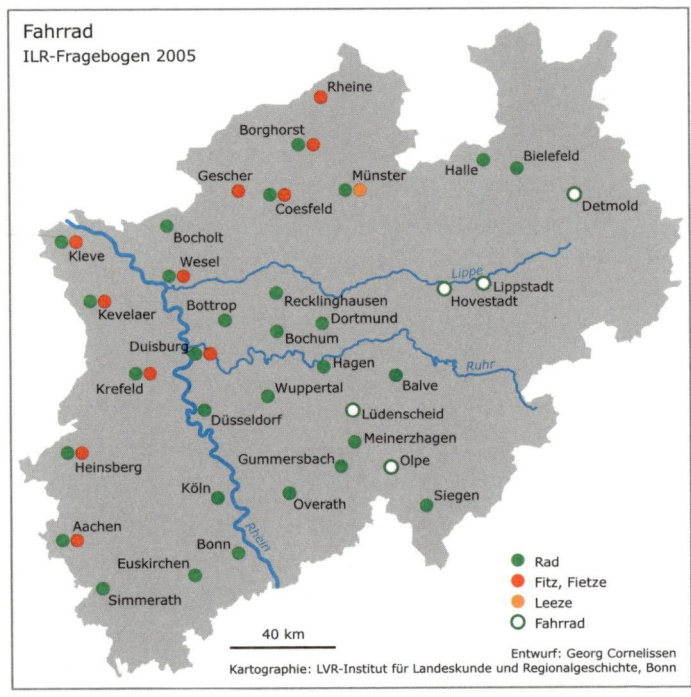

Fahrrad
ILR-Fragebogen 2005

Rheine
Borghorst
Gescher   Münster   Halle   Bielefeld
Coesfeld   Detmold
Bocholt
Kleve   Wesel
Lippe   Lippstadt
Kevelaer   Bottrop   Recklinghausen   Hovestadt
Dortmund
Bochum
Duisburg   Hagen   Ruhr
Krefeld   Wuppertal   Balve
Düsseldorf   Lüdenscheid
Meinerzhagen
Heinsberg   Gummersbach   Olpe
Köln   Overath   Siegen
Aachen
Bonn
Euskirchen
Simmerath   Rhein

● Rad
● Fitz, Fietze
● Leeze
○ Fahrrad

40 km

Entwurf: Georg Cornelissen
Kartographie: LVR-Institut für Landeskunde und Regionalgeschichte, Bonn

und Sittard. Die folgende Liste enthält vier Wortbeispiele aus
beiden Orten, die dem Niederländischen (NL) und dem Deutschen (DT) gegenübergestellt werden (Dialekt = Gangelt/Sit-
tard):

NL	Dialekt	DT
praten	*kalle*	*sprechen*
witte kool	*Kappes*	*Weißkohl*
kind	*Kendj*	*Kind*
knipmes	*Kniep*	*Taschenmesser*

Die alten Dialektgemeinsamkeiten schmelzen heute wie Schnee in der Sonne, wofür zwei Gründe zu nennen sind, die letztlich beide auf die Staatsgrenze zurückgehen. Dialekt (Platt) spricht man mit Menschen auf der eigenen Seite der Grenze: Wenn sich ein örtlicher Dialekt – in Vreden, in Gangelt, in der Umgebung Aachens oder wo auch immer – an die Sprache der Umgebung angleicht, dann nie an einen Dialekt jenseits der Grenze. Die Mundarten im Westen Westfalens werden durch den innerstaatlichen Sprachkontakt immer »westfälischer«, im Westen des Rheinlandes immer »rheinischer«. Ferner kann der Einfluss des Hochdeutschen in NRW und des Niederländischen westlich der Staatsgrenze kaum überschätzt werden. So ist innerhalb eines ursprünglichen Dialektkontinuums mit der Zeit eine klare Bruchstelle entstanden. Dass Dialektkompetenz und -verwendung in den letzten Jahren in NRW rapide zurückgegangen sind, kommt dann noch hinzu (siehe Kap. 15).

8 1815 – eine Zwischenbilanz

Im Jahre 1794 eroberten französische Truppen das linksrheinische Gebiet, dessen EinwohnerInnen für einige Jahre sogar Bürger und Bürgerinnen Frankreichs wurden. Im Rechtsrheinischen bekamen die Menschen Napoleons Suprematieanspruch mit einer gewissen Zeitverzögerung zu spüren. Nach der Niederlage des französischen Kaisers kam es 1815 auf dem Wiener Kongress zu einer Neuordnung der politischen Landkarte, bei der zwischen Rhein und Weser neue Provinzen entstanden; sie haben, nachdem die Einteilung 1822 noch einmal modifiziert worden war, bis 1945 existiert: die preußischen Provinzen Westfalen und Rheinland.

Die »Franzosenzeit«, wie sie gern genannt wird, ist im Geschichtsbewusstsein des Rheinlands bis heute sehr präsent, wobei sich um die Person Napoleons zahlreiche Geschichten und Geschichtchen ranken. Liebgewonnen haben die Menschen im Rheinland auch die Vorstellung, dass die Franzosenzeit ihre Dialekte stark geprägt habe. Im rheinländischen Platt gibt es unzweifelhaft sehr viele französische Lehnwörter: *Klör* ›Farbe‹ (franz. *couleur*) oder *Portemenee* ›Geldbörse‹ (franz. *portemonnaie*) sind zwei augenfällige Beispiele. Viele dieser Entlehnungen seien dem Kontakt mit den Franzosen und dem Französischen während der beiden Jahrzehnte um 1800 zu verdanken, lautet die Folgerung.

Zu den beliebtesten Wortgeschichten des Rheinlands gehört die »Erklärung« des Dialektwortes *Fissematente* oder *Fissematentche*, das auch im Hochdeutschen bekannt ist und hier *Fisimatenten* lautet. Als napoleonische Soldaten, so erzählt man sich, junge Rheinländerinnen mit den Worten »Visitez ma tente« (›Besuchen Sie mein Zelt‹) zu amourösen Abenteuern einluden, hätten die des Französischen nicht mächtigen Eltern ihre Töchter in der Folge ermahnt, keine *Fissematente* zu machen! Tatsächlich muss man viel weiter in der Geschichte zurückgehen, um dem Ursprung des Wortes auf die Spur zu kommen. Im Jahre 1499 erschien in Köln die »Koelhoffsche Chronik« im Druck. Darin findet sich der Satz »it is ein viserunge ind ein visimetent« (viserunge ›Schilderung‹). Zumindest im Singular und in der Variante mit *e* kommt das Wort also bereits im Mittelalter vor, ein Kind der Franzosenzeit ist es daher ganz sicher nicht.

Auch wenn sich eine aktive Sprachpolitik während der Franzosenzeit durchaus erkennen lässt – mit der französischen Sprache hatten das Rheinland und andere Regionen Deutschlands bereits seit dem Mittelalter Kontakt: Aus Frankreich wurden seitdem immer wieder Wörter übernommen, die sich dann als »Fremdwörter« im Deutschen und in seinen Dialekten etablieren konnten.

Der Wiener Kongress schuf 1815 neue Tatsachen. Preußen erhielt Westfalen und das Rheinland, wobei die Gebiete am Rhein zunächst auf zwei Provinzen aufgeteilt waren, die dann aber in den 1820er Jahren zur Rheinprovinz vereinigt wurden:

> »In den Grenzen der preußischen Westprovinzen Rheinland und Westfalen war fast der gesamte Raum des heutigen Nordrhein-Westfalen politisch zum ersten Mal vereinigt. Von den mehr als drei Dutzend Territorien, die es in der Region gegeben hatte, bevor die Erschütterungen im Gefolge der Französischen Revolution grundlegende Änderungen brachten, konnte nur das Fürstentum Lippe seine Unabhängigkeit über 1815 hinaus bewahren. Erst 1946/47 sollte es in Nordrhein-Westfalen aufgehen.«

In Münster war das westfälische Oberpräsidium angesiedelt, während Koblenz der Dienstsitz des Oberpräsidenten der Rheinprovinz war. Das preußische Rheinland dehnte sich von Kleve im Norden bis nach Saarbrücken im Süden aus. Die neuen Provinzen mussten in den preußischen Gesamtstaat integriert werden. Teil der Integrationsmaßnahmen war auch eine – eher vorsichtige – Sprachpolitik, die dort den Sprachwechsel zum Deutschen zur Folge hatte, wo bis dato Niederländisch verwendet worden war (siehe Kap. 7).

Das spektakulärste Ereignis in diesem Zusammenhang ist mit dem Namen des Pfarrers Anno Tilmans am Niederrhein verbunden. Die in ihrer Mehrzahl katholischen Einwohner des Städtchens Straelen im Regierungsbezirk Düsseldorf unterstanden kirchlich dem Bistum Münster. Im Jahre 1827 bat die Bezirksregierung den Münsteraner Bischof, allen Geistlichen am Niederrhein »anzubefehlen«, nur noch das Deutsche zu verwenden. In seiner Antwort für Düsseldorf zeigte sich der Bischof kooperationsbereit. Im Anschluss erließ er eine entsprechende Anordnung für seinen Klerus und initiierte zugleich eine Umfrage zu den tatsächlichen Sprachverhältnissen am Niederrhein.

In Straelen reagierte Pfarrer Tilmans auf das Schreiben aus Münster, indem er den Kaplänen und den Lehrern am Ort befahl, ausschließlich das Niederländische zu benutzen. Es folgten Strafandrohungen aus Münster, man sperrte dem Pfarrer die Einkünfte. Nichts fruchtete, so dass Tilmans schließlich vom Bischof abgesetzt und ein neuer Pfarrer benannt wurde. Die Straelener Bevölkerung veranstaltete eine regelrechte Demonstration gegen seinen Nachfolger, und Tilmans weigerte sich, aus dem Pfarrhaus auszuziehen. Am 2. März 1832 wurde er schließlich verhaftet und nach Kleve gebracht.

Gegen Tilmans' Argument, dass bei einer sprachlichen Spaltung der Familien die (niederländischsprachigen) Eltern ihre (deutschsprachigen) Kinder nicht mehr im notwendigen Umfang unterweisen könnten, ließ sich kaum etwas vorbringen. Damals machten viele andere Geistliche ebenfalls auf diese Folgen aufmerksam. Doch nur Anno Tilmans legte sich mit dem Bischof in Münster an und widersprach ihm öffentlich. Die Auseinandersetzungen um die Ablösung oder Verdrängung des Niederländischen sind offenbar nirgendwo sonst in ähnlicher Weise eskaliert wie in Straelen. Nur hier kam es zu einem echten Sprachenstreit – für dessen Beurteilung das Naturell des beteiligten Geistlichen sicherlich ebenso gewürdigt werden muss wie die objektiven Momente, die mit dem sprachlichen Umbruch gegeben waren.

Wie auch immer die sprachpolitischen Maßnahmen im Einzelnen aussahen – das Niederländische verschwand nun in Westfalen und am Niederrhein aus seinen letzten Refugien: Die Zeit lokaler oder regionaler Sonderwege war abgelaufen, die Integration des noch im 18. Jahrhundert territorial zersplitterten Raumes in den preußischen Staat hatte Vorrang.

Gesprochen wurde im Jahre 1815 überwiegend Platt. Dass diese Charakterisierung auch für die Sprachsituation in Städten und nicht nur in kleinen Dörfern galt, lässt sich in der Autobiographie eines Mannes nachlesen, der aus Kleve stammte und als Kind zwischen 1803 und 1811 die Schule im westfälischen Münster besuchte. Im Rückblick auf seine Schulzeit dort erinnert er sich:

> »Hochdeutsch wurde nur geschrieben, nie, oder doch blos von Einzelnen aus dem Kreise der höhern Geistlichkeit, gesprochen; das münstersche Platt war die allgemeine Familien- und Umgangssprache vom ärmsten Schuster aufwärts bis zum Domprobst und dem reichsten Edelmann der Ritterschaft.«

Wie die Dialekte damals geklungen haben mögen, lässt sich in der Regel nur – ausgehend von späteren Sprachzeugnissen – erschließen. Zu den seltenen Dialektdokumenten aus dieser Zeit zählen einige Übersetzungen des biblischen Gleichnisses vom verlorenen Sohn. Drei seiner Verse wurden 1806/08 in Wesel auf folgende Weise in den örtlichen Dialekt übertragen:

Maar du hei noch fer was, sagg öm de Vahder, on
had Metlieje met öm, liep, fiel öm om den Hals
on kösde öm. Maar de Sohn sei tu öm: Vahder, ik
heb Kwodts gedohn in den Himmel on vöer dei:
ik bönn niet meer wert, dat ik din Sohn hiet. Maar
de Vahder sei tu sinne Knechte: Brengt et moiste
Kleedt, on treckt et öm an; on gäevt öm een Finger-
ring an sinne Hand, on Schuhn an sinne Füht.

Aber als er noch fern war, sah ihn der Vater und hatte
Mitleid mit ihm, lief, fiel ihm um den Hals und küsste
ihn. Aber der Sohn sagte zu ihm: Vater, ich habe Schlech-
tes getan im Himmel und vor dir: Ich bin nicht wert,
dass ich dein Sohn heiße. Aber der Vater sagte zu seinen
Knechten: Bringt das schönste Kleid und zieht es ihm
an; und gebt ihm einen Fingerring an seine Hand und
Schuhe an seine Füße.

Diese Sprachprobe ist dem französischen Innenministerium
zu verdanken, das zwischen 1806 und 1812 lokale Übersetzungen des Gleichnisses sammelte. Für neun Städte und Dörfer des
Niederrheins sowie für Köln haben sich solche Texte inzwischen auffinden lassen.

9 Mundart und Schriftsprache

Was auch immer nach 1945 passierte, wie groß die Zahl der
Flüchtlinge und Vertriebenen auch gewesen ist, die nach dem
Zweiten Weltkrieg ins Rheinland und nach Westfalen kamen –
die Weichen für die Zukunft der Dialekte zwischen Rhein und
Weser sind lange vorher gestellt worden.

Zu Beginn des 19. Jahrhunderts war Platt wohl noch (fast)
überall, wie es für Münster konstatiert worden ist, »die allgemeine Familien- und Umgangssprache« (siehe Kap. 8). Allerdings
hatte ein Zeitgenosse bereits im Jahre 1798 festgehalten, dass
sich die Sprachsituation in Lippstadt (im heutigen Kreis Soest)
zu verändern begann:

»Vor 40, 50 Jahren wurde von allen Herrn und Damen in allen Zusammenkünften nichts als plattdeutsch gesprochen,
jetzt ist es anders beschaffen. Man läßt sie nur noch zum

Spaß hören. In Lippstadt spricht der Mittelbürger und der geringste Profeßionist hochdeutsch, wenn er in dieser Sprache angeredet wird. Unter dem Gesinde ist es nicht üblich, daher bleibt die plattdeutsche Sprache unter Herrschaften und dem Gesinde gangbar, kann auch nicht ganz wegen des Umgangs und Handels mit benachbarten Bauern vermieden werden.«

Man wird innerhalb des heutigen Bundeslandes mit unterschiedlichen Geschwindigkeiten beim Dialektabbau zu rechnen haben. Zu derselben Zeit, als der Dialektgebrauch in Lippstadt möglicherweise schon durch die soziale Stellung der Menschen bestimmt wurde, war im Raum Aachen offenbar noch alles beim Alten. Das legt zumindest ein Aufsatz nahe, den ein Gymnasiallehrer aus Aachen im Jahre 1838 veröffentlichte; darin heißt es:

»Zu den größten Hindernissen indessen, welche sich beim deutschen Unterrichte in den Weg stellen, gehört der Einfluß, welchen die Mundart auf das Hochdeutsche ausübt, eine Mundart, welche dem Hochdeutschen gegenüber, durch ihre Eigenthümlichkeit in jeder Beziehung, gleichsam als eine ganz andere Sprache zu betrachten ist. Wie wäre es unter solchen Verhältnissen möglich, daß der Schüler, wenn er auch in noch so vielen Stunden und nach einer noch so bewährten Methode im Hochdeutschen unterrichtet wird, sich ganz frei halte von den Eigenheiten der Mundart, die er von erster Kindheit an gesprochen und die er zu Hause und im gewöhnlichen Leben noch immer redet? Die Mundart ist seine Muttersprache und das Hochdeutsche ist für ihn eine feinere, gebildetere, aber erlernte Sprache, und er bedient sich derselben auch nur als solcher da, wo es die Sache oder die Umstände erfordern.«

»Mundart« meint dasselbe wie »Dialekt«. Mund-Art, wörtlich verstanden, ließe sich auch mit »Sprechsprache« übersetzen: die Sprache, die gesprochen wird, die mündliche Sprache. In diesem Sinne ist sie das vollkommene Gegenstück zur »Schriftsprache«. Zu Beginn des 19. Jahrhunderts traf die komplementäre Verteilung beider Sprachformen zumindest bei einer Reihe von Menschen auch noch vollständig zu: Wenn sie sprachen, gebrauchten sie die Mundart, und nur wenn sie schrieben, Hochdeutsch.

Das 19. Jahrhundert zeichnete sich durch eine enorme Verbesserung der schulischen Bildung aus. Die Zahl der Menschen, die Analphabeten blieben, sank beständig. Gleichzeitig machte die Lese- und Schreibfähigkeit der SchulabgängerInnen zwischen Rhein und Weser große Fortschritte, so dass sich für den Einzelnen immer häufiger die Frage stellen konnte, ob er in einer bestimmten Situation nun Mund-Art oder »nach der Schrift« sprechen wollte. Die aktive Sprachkompetenz veränderte sich.

Zwei Aspekte werden in zeitgenössischen Beobachtungen zum Sprachverhalten regelmäßig hervorgehoben: die Tendenz höher gestellter und besser gebildeter Menschen, Hochdeutsch zu sprechen, und ein gewisses Stadt-Land-Gefälle bei Sprachkompetenz und Sprachwahl. Wie sich die Alltagssprache zwischen den Bauerschaften Spexard und Avenwedde einerseits und der Nachbarstadt Gütersloh andererseits um 1910 unterschied, geht aus dem Bericht eines Zeitzeugen aus Spexard hervor:

»In der Familie, auf dem Hofe, in der ganzen Bevölkerung, wurde nur Platt gesprochen. Unser Hochdeutsch beschränkte sich auf Schule und Kirche. [...] Bis etwa 1910 gab es in den beiden Bauerschaften Spexard und Avenwedde von den Alteingesessenen vielleicht zwei oder drei Familien, die mit ihren Kindern hochdeutsch sprachen oder sich wenigstens darum bemühten. In den letzten Jahren vor dem Ersten Weltkrieg wurde das aber häufiger. [...] In der benachbarten Stadt Gütersloh war die Entwicklung schon viel weiter: die alten Gütersloher sprachen unter sich und auch mit uns ihren Dialekt, aber mit den Kindern wurde hochdeutsch gesprochen.«

Die meisten Schriftstücke, die sich aus der zweiten Hälfte des 19. Jahrhunderts erhalten haben, stammen von »Schreibprofis«: von im Schreiben geübten Menschen. Dagegen liegt von Bauern und Knechten, von Handwerkern und ihren Frauen nur wenig Schriftliches vor, was schon darin begründet ist, dass sich diese Bevölkerungsgruppen seinerzeit auch deutlich seltener der Schriftsprache bedient haben. Wenn sie zur Feder griffen, dann machten sie unübersehbar »Fehler«, die auf die zu geringe Übung im Schreiben und auf die Prägung durch ihre eigentliche »Muttersprache«, die Mundart, zurückgingen.

Das folgende Schreiben aus dem Jahre 1882, aufgegeben in Chicago, ist einem aus Raeren stammenden Mann zu verdanken. Das Dorf war 1815 zusammen mit Eupen und dessen Umland an Preußen gefallen und gehörte 1882 zur Rheinprovinz. Heute ist Raeren ein Ort innerhalb der Deutschsprachigen Gemeinschaft Belgiens (siehe Kap. 24). Der Brief des Amerika-Auswanderers begann mit folgenden Zeilen:

Chicago den 17 Nov. 188[2]

Lieber Freund.
Deinen so werthen Brief habe ich erhalten. Wo ich
schon lange auf gewartet hatte. Ich habe schon
gedacht der Brief wäre verloren gegangen, den ich
Dir geschrieben hatte. Wie Du mir in dem Brief
mittheils das es in Raeren noch immer ist, wie früher.

Da müßte es einmal tüchtig Marken Regnen. Das
die Leute noch einmal Muht bekommen thäten.
Nach der Heimat Sene ich mich nicht mehr zurück.
In das Nest wollte ich nicht mehr sein, für kein
Geld [...].

Einem Schreibprofi wären sicherlich nicht die Fehler im Bereich
der Groß- und Kleinschreibung (*müßte es einmal tüchtig
Marken Regnen – Nach der Heimat Sene ich mich*) oder bei
das/daß unterlaufen. Auch die Dreher in *werhten* (statt *werthen*) und *Muht* (statt *Muth*) zeugen von fehlender Schreib-
übung. Dass die Erstsprache des Briefschreibers die Raerener
Mundart (oder eine daran anschließende Umgangssprache) gewesen ist, wird an vielen Stellen greifbar, nicht zuletzt in dem
Satz *In das Nest wollte ich nicht mehr sein.* Die Mundarten
im Raum Eupen-Raeren-Aachen machen hier keinen formalen
Unterschied zwischen dem dritten und vierten Fall: Analog zu
das hätte es auf Platt *dat* geheißen. Die 1:1-Übersetzung mit
dem hochdeutschen Ergebnis *In das Nest* (anstelle von *In dem
Nest*) hätte der Lehrer in der Schule korrigiert. »Fallverwechs-
lungen« dieses Kalibers gehören bis heute zu den bevorzugten
Kniffen vieler Kabarettisten oder Humoristen, die mit Hilfe von
Sprachimitationen auf Lacher zielen.

Was konnte oder sollte eine Lehrperson damals machen,
wenn sich ihre Schüler mit Sätzen wie *In das Nest wollte ich
nicht mehr sein* am Unterricht beteiligten? Wie waren die
Deutschstunden für MundartsprecherInnen überhaupt zu ge-
stalten? Welche Schulerfahrungen machten die Kinder, deren
Muttersprache die Mundart war?

Im ausgehenden 19. Jahrhundert beherrschten die meisten
Lehrer zwischen Rhein und Weser den Dialekt noch selbst.
Zahlreiche Hinweise darauf geben die Wenker-Fragebögen aus
den 1870er und 1880er Jahren. Damals verschickte der aus Düs-

seldorf stammende Sprachforscher Georg Wenker zunächst innerhalb der Rheinprovinz, dann in Westfalen und im Anschluss im ganzen Deutschen Reich einen Bogen mit 40 (anfangs mit 42 bzw. 38) hochdeutschen Sätzen, die in jedem Schulort in die örtliche Mundart übertragen werden sollten. Empfänger des Bogens waren die Hauptlehrer der Volksschulen.

Aus Neuwerk am Niederrhein erhielt Wenker den ausgefüllten Bogen mit folgender Bemerkung zurück: »Vorstehende Arbeit habe ich, da ich Eingeborner bin, von meinem Prinzipale, dem Herrn Hauptlehrer Brocker, übernommen. Hochachtungsvoll / H. Wetten / Lehrer.« Neuwerk gehört heute zu Mönchengladbach, wie auch Wanlo, wo der Hauptlehrer damals selbst ein »Eingeborner« war und den Fragebogen ohne Hilfe der SchülerInnen ausfüllte. Allerdings gab es auch eine Reihe von Lehrern (= Hauptlehrern), deren eigene Mundart aufgrund ihrer Herkunft vom Platt des jeweiligen Schulorts sehr verschieden war. Das galt, bezogen auf die Orte innerhalb der heutigen Stadtgrenzen von Mönchengladbach, etwa für den Hauptlehrer in Hardt (er stammte aus Kaiserswerth), in Lürrip (aus Arnsberg stammend) oder in Rheydt (aus Dinslaken).

Auch im Bielefelder Raum füllten Lehrer, wie eine Stichprobe ergab, den Wenker-Fragebogen auf der Basis der eigenen Mundartkompetenz aus. Nennen lassen sich etwa der Hauptlehrer in Brönninghausen, der am Ort geboren war, oder seine Kollegen in Senne und Sennestadt (»Senne I« und »Senne II«), deren Elternhäuser in den Dörfern Ummeln bzw. Lämershagen in der näheren Umgebung gestanden hatten. Allerdings ließ der Hauptlehrer von Dornberg, wie er ausdrücklich vermerkte, den Bogen »durch einen Schüler« bearbeiten, obwohl er selbst aus diesem Dorf stammte! Alle Orte liegen heute innerhalb der Stadtgrenzen Bielefelds.

Wie Lehrer und Lehrerinnen im Kaiserreich auf Sätze à la *In das Nest wollte ich nicht mehr sein* im Unterricht reagierten, hing stark von ihren Einstellungen zur Mundart ab. So besuchte ein angehender Pädagoge aus Mönchengladbach um 1900 das Lehrerseminar in Kempen am Niederrhein und musste dort beobachten, wie die Seminaristen zu verbergen versuchten, dass sie aus Mundart sprechenden Elternhäusern stammten. Der Mönchengladbacher konnte sich später noch gut an einen Mitseminaristen, den Sohn eines Landarbeiters, erinnern, der auch dann auf Hochdeutsch antwortete, wenn er auf Platt angesprochen wurde. Der junge Mann schämte sich seiner Mundart – vielleicht rührte die Scham auch von seiner sozialen Herkunft her, für die das Platt dann lediglich der Indikator gewesen wäre.

Aus dem westfälischen Raum sind mehrere Publikationen des 19. Jahrhunderts bekannt, die sich um das Thema Mundart und Schule drehten. In Arnsberg erschien 1843 von Th. Hegener: »Über den Unterricht in der Schriftsprache, mit besonderer Rücksicht und in Anwendung auf den Schreib- und Leseschüler in niederdeutschen Volksschulen«. Zwei Jahre darauf gab F. C. Honcamp in Soest seine »Gedanken über den Unterricht in der Sprachlehre« heraus. Der Münsteraner Lehrer Johan Rottger Köne ließ 1852 seine Überlegungen drucken zum »Werth der westfälischen Mundarten in Beziehung auf die höheren Lehranstalten Westfalens«.

Nach allem, was man weiß, wurden (trotzdem) viele angehende Lehrer mehr schlecht als recht darauf vorbereitet, dass die rheinischen I-Dötzchen und die westfälischen I-Männchen als Mundartsprecher vor ihnen sitzen würden. Allerdings konnten die Lehrer und Lehrerinnen damals aufgrund der eigenen Mundartkompetenz oft sehr genau erkennen, wieso bestimmte »Fehler« gemacht wurden – nur dass sie bei deren Bewältigung wie bei der pädagogisch-didaktischen Behandlung des Mundart-Schriftsprache-Komplexes eher auf sich allein gestellt waren. Das hatte für die Schulkinder verschiedenste Konsequenzen.

Zu den Schulerfahrungen der Menschen damals gehörten schlechte Noten, die auf mundartbedingten Fehlern im Hochdeutschen gründeten, gehörte die Bloßstellung durch Lehrer und das Ausgelachtwerden durch Mitschüler, wenn die sich im Hochdeutschen besser auskannten. All dies hatte eine Sprachscham zur Folge, wie sie aus dem Verhalten des jungen Mannes im Lehrerseminar Kempen abzulesen ist.

Ein Lehrer mit viel Spaß am Dialekt war der Leiter der Volksschule in Hehn (heute Mönchengladbach-Hehn). Er stammte aus Klinkum, einem etwa acht Kilometer entfernten Dorf. Den freien Raum auf dem Fragebogen von 1876 nutzte er für einen Brief an Doktor Wenker in Düsseldorf:

Mine leve Heähr Doktör!
Ött woar goht, datt Iehr jenn Vreimarke en ött
Schrieves gedoahn haut; Iehr hätt sö secher
net allemoalö wiher kriege. Dre-i-ön twentig
Jraht opp ött Terrömeter on dann ohch noh
Konnschtöcker tö make opp Plattdütsch. Ött
Hämp klähvt enöm der janze Daach opp der
Röck [...].

Mein lieber Herr Doktor!
Es war gut, dass Ihr keine Briefmarken in das Schreiben getan habt; Ihr hättet sie sicherlich nicht allemal zurückbekommen. 23 Grad auf dem Thermometer und dann auch noch Kunststücke (zu) machen auf Plattdeutsch. Das Hemd klebt einem den ganzen Tag auf dem Rücken [...].

Auch wenn es immer wieder Lehrer und Lehrerinnen gab, die die Mundart besonders liebten, so dass sie vielleicht selbst Mundartgedichte verfassten oder sich Gedanken über ange-

messene Unterrichtsmethoden machten, die Schulen entlie-
ßen jahrein, jahraus Jugendliche mit der leidvollen Erfahrung,
dass ihre Muttersprache ein veritables Hindernis für die
sprachliche Bewältigung des Lebens bilden konnte. Je »moderner« die Welt wurde und je stärker das Hochdeutsche dem alltäglichen Leben seinen Stempel aufdrückte, umso mehr konnte
die Mundart als Benachteiligung empfunden werden. Für ihre
Sprecher wurde sie zum Stigma.

Seit den 1960er und 1970er Jahren wird das Verhältnis von
Dialekt und Schulunterricht auf wissenschaftlicher Ebene intensiv erforscht und diskutiert. Dabei werden auch die Fragen nach
den schulischen Leistungen und nach der Chancengleichheit
von Kindern mit und ohne Dialekt erörtert; der Diskurs ist zudem in den größeren Zusammenhang der Mehrsprachigkeits-
forschung eingebettet. Wie positiv auch immer über die Vorteile
bestimmter Formen der Mehrsprachigkeit heute geurteilt wird,
bezogen auf die Zeit um 1900 und auf die gesellschaftlichen
Konstellationen in den preußischen Provinzen Rheinland und
Westfalen ist festzuhalten, dass der Dialekt bzw. unzureichen-
de Hochdeutschkenntnisse vielen Menschen zum Nachteil ge-
reichten.

Und doch – bis ins 20. Jahrhundert hinein eigneten sich Zuziehende oder zumindest deren Kinder die örtliche Mundart
an, besonders dort, wo das Platt noch stabil war und Migration
kaum eine Rolle spielte. Das Zitat ist einer 1920 erschienenen
Einführung in die Dialekte Deutschlands entnommen:

»Allerdings in anderen, abgelegeneren Gegenden, in den
meisten landwirtschaftlichen Gebieten, auch in kleineren
Städten, die höchstens von der Umgebung etwas Einwanderung erhalten, ist die Zuwanderung so gering, daß zwar
nicht die Eingewanderten selbst, wohl aber ihre Kinder Sit-
ten und Mundart ihrer neuen Heimat annehmen.«

Selbst nach dem Ende des Zweiten Weltkrieges sollte es dieses Modell der Mundart als Zweit- oder Drittsprache mancherorts in Nordrhein-Westfalen noch geben (siehe Kap. 15).

10 Land der tausend Dialekte

»Deudschland hat macherley Dialectos art zu reden /
also das die Leute in xxx. Meilen wegs einander
nicht wol können verstehen / Die Osterreicher vnd
Beiern verstehen die Düringen vnd Sachsen nicht /
sonderlich die Niderländer«.

Das Zitat über die Dialektbarrieren im deutschen Sprachraum stammt von Martin Luther: Allein im Dialekt und ohne eine verbindende Gemeinsprache waren Austausch und Verständigung nur innerhalb bestimmter Radien möglich. Im 19. Jahrhundert setzte die wissenschaftliche Auseinandersetzung mit den Dialekten ein, wobei deren räumliche Gliederung von Anfang an das Interesse der Forschenden auf sich zog. Auf Karten zeichneten sie Linien ein, oft »Sprachgrenzen« genannt, mit deren Hilfe die Dialekte räumlich eingeteilt wurden. Die hier vorgestellte Karte (siehe S. 74) zur Dialektgliederung Nordrhein-Westfalens geht in ihrer Grundstruktur auf Forschungsergebnisse des 19. Jahrhunderts zurück (siehe Kap. 1 und 2).

Im Westen Nordrhein-Westfalens bildet das Niederfränkische den Ausläufer eines großen niederfränkischen Dialektraumes, der in Belgien und in den Niederlanden bis zur Nordsee reicht. Zum nordrhein-westfälischen Anteil gehören das Kleverländische (mit Kleve und Duisburg), das Ostbergische (mit Solingen und Gummersbach) sowie, südlich der Uerdinger Linie, das Südniederfränkische (mit Mönchengladbach und Düsseldorf).

Dialektgliederung
Nordrhein-Westfalens

Rheine
Minden
Gronau
Bielefeld
Coesfeld Münster
Gütersloh Detmold
Bocholt Haltern
Kleve Werne *Lippe* Paderborn
Hamm
Dortmund Soest Warburg
Essen *Ruhr*
Duisburg Arnsberg
Mönchen-
gladbach Düsseldorf Radevormwald
Gummersbach Olpe Hallenberg
Köln Wenden Bad
Berleburg
Siegen
Aachen Düren Bonn Siegburg *Rhein*
Euskirchen

☐ Westfälisch
☐ Kleverländisch
☐ Ostbergisch
☐ Südniederfränkisch
☐ Ripuarisch
☐ Moselfränkisch
☐ Rheinfränkisch
☐ Dialektinsel

40 km

Entwurf: Georg Cornelissen
Kartographie: LVR-Institut für Landeskunde und Regionalgeschichte, Bonn

Jenseits der Linie von Benrath erstreckt sich der ripuarische Dialektraum (mit Aachen, Köln und Siegburg). Er reicht im Westen einige Kilometer weit nach Belgien und in die Niederlande hinein. Ganz im Süden des Landes spricht man Moselfränkisch (u. a. in der Nordeifel und im Siegerland) und Rheinfränkisch (in Wittgenstein sowie im benachbarten Hallenberg), wobei auf das Bundesland Nordrhein-Westfalen jeweils nur kleine Teile der beiden letztgenannten Dialekträume entfallen.

Das Westfälische bildet den mit Abstand größten Dialektraum innerhalb des Bundeslandes. Auf manchen Sprachkarten werden die Nordspitze des Münsterlandes (nördlich von Rheine) und die Nordostecke des Landes (mit Minden) bereits zum Nordniedersächsischen gerechnet. (»Nordniedersächsisch« und nicht, wie zu erwarten wäre, »Niedersächsisch« lautet der Fachbegriff für den benachbarten Dialektraum!) Die Spezialisten für das Westfälische unterscheiden noch einmal zwischen dem Ostwestfälischen (um Bielefeld, Detmold und Paderborn), dem Münsterländischen (um Rheine, Coesfeld und Münster nördlich der Lippe), dem Westmünsterländischen (mit Bocholt und Borken) und dem Südwestfälischen (um Dortmund, Soest, Arnsberg und Olpe südlich der Lippe).

Die kleine Dialektinsel am unteren Niederrhein besteht aus drei Orten: Pfalzdorf, Louisendorf und Neulouisendorf. Im 18. Jahrhundert strandeten hier kurpfälzische Aussiedler, die vom Hunsrück stammten und eigentlich nach Amerika wollten. Sie fanden zwischen Goch und Kleve eine neue Heimat und gründeten den Ort Pfalzdorf; an ihrem alten Dialekt hielten sie fest, was möglich wurde, weil sie aufgrund des konfessionellen Gegensatzes nicht in der Bevölkerung der Umgebung »aufgingen«. Später entstanden die Nachbarorte Louisendorf und Neulouisendorf. Bis heute ist hier der »Pfälzer« Dialekt zu hören.

So weit die dialektologischen Fachbegriffe. Die den Menschen in NRW geläufigen Bezeichnungen für die Dialekträume ihrer Heimat sind oft andere. So nennen beispielsweise die Einheimischen an der Grenze beider Gebiete das (Kern-)Münsterländische »Kleiplatt« und das Westmünsterländische »Sandplatt«.

Pionier der geographischen Linguistik war der bereits vorgestellte Georg Wenker aus Düsseldorf: Ihn interessierte der Zusammenhang von Raum und Sprache brennend. 1852 am Rhein geboren, verschickte er zunächst 1876 in der Rheinprovinz, ein Jahr später in der Provinz Westfalen und dann in den 1880er

Jahren seine berühmt gewordenen Fragebögen (siehe Kap. 9).
Für viele Orte in Nordrhein-Westfalen stellen die damals ausgefüllten Bögen die ältesten Dialektproben überhaupt dar. Sie
werden bis heute sprachwissenschaftlich genutzt und stehen
nun dank des Großprojekts »Digitaler Wenker-Atlas« (DiWA)
im Internet zur Verfügung.

In der zweiten Hälfte des 19. Jahrhunderts entwickelten sich
immer mehr Formen der Dokumentation und Erforschung der
örtlichen Dialekte, hier einige Blitzlichter: Als Beispiel für die
Ebene der Dokumentation sei die Dortmunder Wortsammlung
von Heinrich Köppen genannt, die 1877 erschien und den Titel
trug »Verzeichniss der Idiotismen in plattdeutscher Mundart
volksthümlich in Dortmund und dessen Umgebung«; als Idiotismen bezeichnete man damals die kleinräumig oder lokal verbreiteten Dialektwörter. Aus demselben Jahr datiert auch Georg
Wenkers Schrift »Das rheinische Platt«, in der er Ergebnisse
seiner ersten Fragebogenaktion für die Lehrer im Rheinland
darstellte. Für die akademische Welt war der »Entwurf einer
Laut- und Flexionslehre der münsterischen Mundart in ihrem
gegenwärtigen Zustande« bestimmt, die Doktorarbeit von Julius
Kaumann, deren erster Teil 1884 in Münster gedruckt wurde.
An der Universität Bonn entstand der Plan zu einem Dialekt-
lexikon für die Rheinprovinz, aus dem schließlich das große
»Rheinische Wörterbuch« hervorging, dessen erster Band 1928
vorlag; das Werk konnte mit dem neunten und letzten Band 1971
abgeschlossen werden. Das Gegenstück für die Provinz Westfalen wurde als »Westfälisches Wörterbuch« sehr viel später in
Angriff genommen, so dass die Publikationsphase erst 1969 begann. Wenn alles nach Plan läuft, wird 2020 der letzte Band erscheinen.

Ein Bonbon kann in den verschiedenen Dialekten Nordrhein-Westfalens *Boms, Bömsken* oder *Bömmeken* heißen,
Klümpeken, Klümpken, Klömpke und *Klömpsche, Bolchen,*

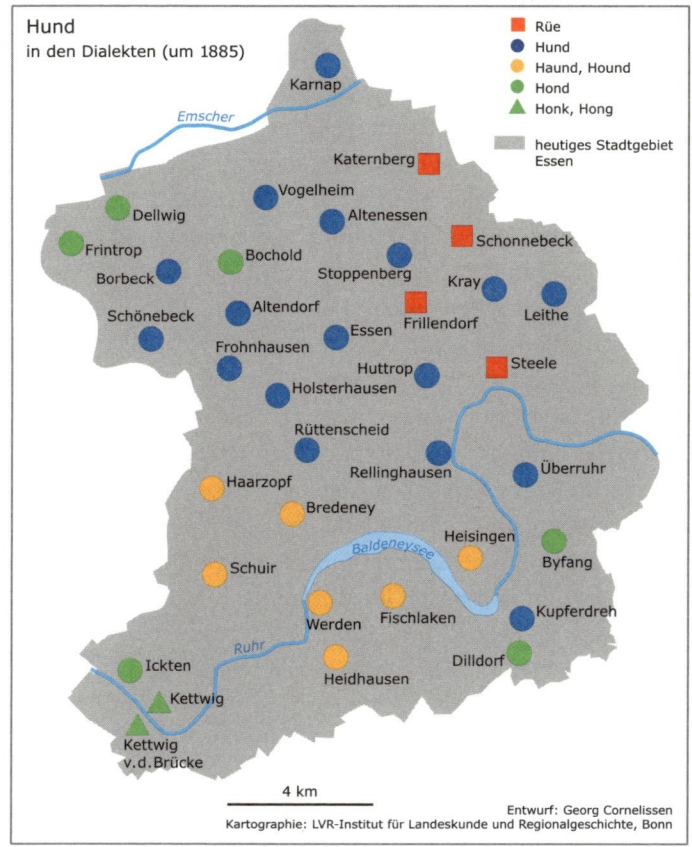

Hund
in den Dialekten (um 1885)

■ Rüe
● Hund
● Haund, Hound
● Hond
▲ Honk, Hong

heutiges Stadtgebiet Essen

Emscher

Karnap

Katernberg

Vogelheim
Dellwig
Altenessen
Frintrop
Bochold
Schonnebeck
Borbeck
Stoppenberg
Kray
Schönebeck
Altendorf
Frillendorf
Leithe
Essen
Frohnhausen
Huttrop
Steele
Holsterhausen
Rüttenscheid
Haarzopf
Rellinghausen
Überruhr
Bredeney
Heisingen
Schuir
Baldeneysee
Byfang
Werden
Fischlaken
Kupferdreh
Ickten
Ruhr
Dilldorf
Kettwig
Heidhausen
Kettwig
v.d.Brücke

4 km

Entwurf: Georg Cornelissen
Kartographie: LVR-Institut für Landeskunde und Regionalgeschichte, Bonn

Boltken oder *Bölleken, Brock* und *Bröcksken.* Daneben stößt man auf kleinräumig verbreitete Synonyme wie *Babbelken, Balleken, Boomsteen, Münte, Stiëke* oder *Zuckersteen.* Nicht zu vergessen die vom Kölner Karneval her bestens bekannte *Kamell;* der Schlachtruf *Kamelle!* heißt ja nichts anderes als »Bonbons!«. Auch wenn die Liste damit noch nicht komplett sein sollte – sie vermittelt doch einen plastischen Eindruck von der Vielfalt des Dialektwortschatzes. Dort wo verschiedene Varianten aufeinandertreffen – wie etwa im Sauerland an der *Klümpken-Bömsken*-Linie –, können die Sprecher des Dialekts schon einmal den Eindruck bekommen, die Menschen im Nachbarort sprächen »ganz anders«.

Satz 39 im Wenker-Fragebogen lautete: »Geh nur, der braune Hund thut Dir nichts«. Auf der Karte (siehe S. 77) sind die Dialektübersetzungen für ›Hund‹ eingezeichnet, und zwar für all die Dörfer und Städte, die heute zur Großstadt Essen gehören. *Rüe* – in der Bedeutung ›Hund‹, nicht ›Rüde‹! – gilt als typisch westfälisches Wort. Seine geographische Verbreitung auf der Karte lässt das auch sehr schön erkennen: Die *Rüe*-Belege im Nordosten (Katernberg usw.) bilden den letzten Ausläufer des großen westfälischen Verbreitungsgebiets dieses Wortes. Im Südwesten haben Kettwig und Kettwig vor der Brücke bereits das für das Rheinland typische *Honk* (*Hong*). Die sprachgeographische Komposition ist alles andere als eine zufällige: *Haund* setzte sich im Westen nach Mülheim hin fort, *Honk* zum Südwesten hin, *Hond* (im Nordwesten) zum Niederrhein und *Hund* zum westfälischen Norden und Osten hin. Benachbarte Ortschaften konnten also verschiedene Wörter haben *(Rüe – Hund)* oder sich zumindest durch unterschiedliche Lautformen derselben Bezeichnung unterscheiden: *Hond – Hund – Haund – Honk.* Falls zwei Nachbarorte in diesem Punkt eine identische Form hatten, zeichneten sie sich vielleicht bei einem anderen Wort schon wieder durch kleine Nuancen oder markante Varianten aus!

Der Wandel im Dorfleben nach dem Zweiten Weltkrieg ist enorm: »An die Stelle eines übersichtlichen und eng vernetzten, ›intimen‹ Dorfes (jeder kennt jeden) ist ein Nebeneinander verschiedener Sozialkreise getreten.« Aber auch das alte, ›intime‹ Dorf, selbst das kleine, kannte sprachliche Variation. In Stülinghausen, einer Ortschaft bei Marienheide im Bergischen, richtete sich die Verteilung der Varianten nach der Konfession: Katholische Einwohner ließen in *joen* ›gehen‹ ein *j* hören, die Protestanten sagten *choen* (oder *chon*). Stülinghausen markierte die Nahtstelle von westlichem (rheinischem) *j* und östlichem (bergisch-märkischem) *ch*.

Das niederrheinische Dorf Elten liegt unmittelbar an der Grenze zu den Niederlanden. Als das LVR-Institut für Landeskunde und Regionalgeschichte 2004 einen Fragebogen am Niederrhein verteilt hatte, dessen hochdeutsche Sätze in den örtlichen Dialekt übertragen werden sollten, beteiligten sich in Elten fünf Personen (geboren zwischen 1936 und 1949). Es gab bemerkenswerte Varianten; einige Beispiele (mit der Zahl der Nennungen):

Die <u>Spatzen</u> <u>saßen</u> auf den Bäumen:
Klötte 4, *Mösse* 1 – *satte* 2, *satten* 1, *sate* 1,
saten 1
Wir <u>haben</u> <u>fünf</u> Hunde:
hemme 4, *hebbe* 1 – *füff* 3, *feif* 2
Wir <u>kamen</u> um vier Uhr nach Hause:
kwame, kwamme, kwammen, kwieme,
kome je 1
Haben wir den <u>Regenschirm</u> vergessen?
Regenscherm 3, *Paraplü* 2
<u>Wie</u> spät ist es?
wie 2, *hu* 2, *u* 1

Die variierenden Phänomene haben unterschiedliche Geschichten: Ältere Varianten stehen neben jüngeren, nördliche Formen neben südlichen. Wenn Varianten dieser Art in der frühen Dialektforschung überhaupt auftauchen, dann eher am Rande, wenn nicht gar als Störfaktoren. Damit Mundarten miteinander verglichen und lesbare Sprachkarten gezeichnet werden konnten, wurden Ort und Mundart gern gleichgesetzt. Bei flächendeckenden Materialerhebungen befragte der Forscher in den einzelnen Dörfern ausgewählte Gewährsleute: bevorzugt alte, ortsfeste Personen, bei denen sozusagen der »echte«, »unverfälschte« Dialekt zu erwarten war – oftmals aus arbeitsökonomischen Gründen nur einen Sprecher pro Ort. Dass der dörfliche Sprachkosmos in Wirklichkeit viel schillernder war, blieb ausgeblendet. Was damals unterlassen wurde, lässt sich heute nicht mehr ausbessern: Deshalb weiß man über den Variantenraum eines nordrhein-westfälischen Dorfdialekts im 19. oder in der ersten Hälfte des 20. Jahrhunderts nur wenig.

Wenn zu Luthers Zeiten (und auch danach) eine Verständigung zwischen den Menschen in Nachbarorten und – mit zunehmenden Einschränkungen – auch zwischen Nachbarregionen möglich war, dann weil es eben auch viele Sprachgemeinsamkeiten gab. Der Wortschatz eines Ortsdialekts stimmte in großem Umfang mit seinem Nachbardialekt überein; viele Dialektwörter, auch wenn sie im Hochdeutschen unbekannt sein mochten, waren großräumig verbreitet und sicherten so die Möglichkeit einer Verständigung. *Pott* war ein solches Wort.

Die Gefäßbezeichnung *Pott* geht auf das vulgärlateinische **pottus* zurück, eine erschlossene Form. Die Karte dokumentiert die Sprachsituation zwischen Rhein und Weser vor dem Zweiten Weltkrieg. Wie sie einen ›(irdenen) Topf‹ im Dialekt nennen, waren die Menschen gefragt worden. Im nördlichen Teil des späteren Bundeslandes NRW lautete die Antwort meistens *Pott*; diese Bezeichnung herrschte im gesamten Norden Deutschlands vor. Weiter südlich, so in Aachen, Köln, Lennestadt oder Siegen, sagten die Menschen eher *Düppen* (mit vielerlei Lautvarianten: *Döppe, Döppen, Debbe* usw.). Allerdings kam der *Pott* auch hier vor, wie beispielsweise in Köln, wo man Zusammensetzungen wie *Blome-, Kaffee-, Koch-* oder *Kamme(r)pott* kannte und kennt. *Pott* ist eins der alten Dialektwörter, deren Kenntnis auch heute noch in Nordrhein-Westfalen

verbreitet ist, selbst bei Menschen, in deren Familien schon lange kein Dialekt mehr gesprochen wird (siehe Kap. 20).

»Bis ins frühe 19. Jahrhundert fehlte der Region also die politische Einheit. Durch das Gebiet des heutigen Nordrhein-Westfalen verliefen zahlreiche Herrschaftsgrenzen. Doch diese Grenzen waren nicht nur immer wieder der Veränderung unterworfen. Sie wurden auch beständig überschritten: durch kulturelle Austauschprozesse und vor allem durch Wirtschaftsbeziehungen, die die einzelnen Territorien miteinander und mit dem weiteren Umland verbanden.«

Ortsdialekte, Worträume und Sprachlandschaften, wie sie sich im 19. oder 20. Jahrhundert präsentierten, sind – mal klare, mal verwickelte – Ergebnisse historischer Prozesse: sprachlicher, politischer, kultureller und ökonomischer Prozesse. Einteilungskarten können helfen, sich im Dialektdschungel zu orientieren und sich einen ersten Überblick zu verschaffen – mehr aber auch nicht.

Martin Luthers Einteilung in 30-Meilen-Zonen war vielleicht der Versuch, den Sprachdschungel ordnend in den Griff zu bekommen. Mit zunehmender Distanz wachsen die Verstehensprobleme, wie er am Beispiel der *Osterreicher, Beiern, Düringen, Sachsen* und *Niderländer* illustriert: Österreicher und Bayern, also der Süden des damaligen Deutschen Reichs, können Thüringer und Sachsen nicht richtig verstehen, erst recht nicht die »Niederländer« im Norden. Das Niederland begann nach damaligem Sprachgebrauch nördlich der Mittelgebirge, *Niderländer* waren also auch schon die Einwohner der Stadt Köln. Luthers Einschätzung trifft auch heute noch zu: Aufgrund des sprachlichen Abstands können Österreicher und Bayern dem Kölner Dialekt nicht folgen – auch wenn sie vielleicht gern kölsche Lieder hören (siehe Kap. 18).

Nordrhein-Westfalen

11 Der Zweite Weltkrieg und seine Folgen

Am 2. Oktober 1946 tagte in Düsseldorf zum ersten Mal der nordrhein-westfälische Landtag. Es waren die politischen Repräsentanten des Rheinlands und Westfalens, die hier zusammentraten, wobei die Rheinländer und Rheinländerinnen im neuen Landtag den nördlichen Teil der ehemaligen preußischen Rheinprovinz vertraten, daher der Bestandteil »Nordrhein« im Namen des Landes. Die südliche Hälfte der alten Rheinprovinz (mit Koblenz und Trier) ging dagegen im benachbarten Bundesland auf und nahm dabei den Namen Rheinland mit (Rheinland-Pfalz). 1947 gliederte sich dann auch Lippe dem Land NRW ein, womit sich das dritte Element im Landeswappen (die lippische Rose) erklärt.

Zu den Bürgern und Bürgerinnen des neuen Landes gehörten viele Männer, Frauen und Kinder, die in Schlesien oder Ostpreußen geboren und als Flüchtlinge und Vertriebene in den Westen Deutschlands gelangt waren. Anders als es manche Alteingesessene damals empfanden, waren diese Migranten nicht für den Dialektverlust verantwortlich, wie er sich in den folgenden Jahrzehnten vollzog, zumindest nicht allein verantwortlich. Doch der Umstand, dass sich die meisten Migranten aus dem Osten den Dialekt ihrer »neuen Heimat« zwischen Rhein und Weser nicht mehr aneigneten, konnte von den Zeitgenossen durchaus als Indiz dafür verstanden werden, dass die frühere Position der Ortssprachen kräftig ins Wanken gekommen war.

Nach der Machtübernahme im Jahre 1933 hatte es Dialektenthusiasten gegeben, die große Hoffnung auf die Nationalsozialisten setzten. Wer »Blut und Boden« propagierte wie die Nazis, müsse doch die Volkssprache, wie der Dialekt im 20. Jahrhundert auch oft genannt wurde, fördern. Tatsächlich lässt sich keine einheitliche Linie des totalitären Staates und seiner Institutionen gegenüber den Dialekten erkennen, zu einer Aufwertung dieser regionalen bzw. lokalen Sprachformen kam es in der Zeit zwischen 1933 und 1945 jedenfalls nicht.

Ein aufschlussreiches Schreiben datiert vom 14.7.1938. Darin reagierte die »Parteiamtliche Prüfungskommission zum Schutze des NS-Schrifttums« auf einen Aufsatz des Germanistik-Professors und Parteigenossen Conrad Borchling. Borchling war zu diesem Zeitpunkt geschäftsführender Vorsitzender des »Vereins für niederdeutsche Sprachforschung«, der sich als Vertreter des Dialektraums nördlich der Benrather Linie ansah. Der besagte Aufsatz (»Sprachliches Leben im niederdeutschen Raum«) enthielt das Plädoyer für einen verstärkten Dialektgebrauch. Darauf reagierte die Partei durch ihre Prüfungskommission:

»Es muß [...] festgestellt werden, daß der Verfasser des Aufsatzes ›Sprachliches Leben im niederdeutschen Raum‹ mit seinem Eintreten für ein Wiederaufleben der plattdeutschen Umgangssprache zu einem sprachlichen Partikularismus gelangt, der geeignet sein kann, die kulturelle Einheit des deutschen Volkes zu schädigen. Wenn der Nationalsozialismus auch für die Pflege von Brauchtum und Mundart eintritt, so darf dies doch keineswegs zu einer Propaganda gegen den Gebrauch des Hochdeutschen und für die Einführung der Zweisprachigkeit in einem deutschen Gebiet führen.«

In diesem Brief werden die entscheidenden Fragen für die Zukunft des Dialekts angesprochen, die sich nach 1945 erneut – wenn auch in einem völlig veränderten politischen Kontext – stellten: Wie soll sich die Gesellschaft zum Dialekt verhalten, wenn die Kompetenz der Standardsprache für die Mitglieder dieser Gesellschaft unverzichtbar ist? Welche Form einer »Zweisprachigkeit« ist denkbar oder wünschenswert?

In den Jahren 1936/37 war ein großer Aufnahmewagen der Firma »Telefunkenplatte« durch das Deutsche Reich gefahren, um in ausgewählten Orten Sprachproben von Dialektsprechern und Dialektsprecherinnen zu sammeln. Das Resultat war eine Kollektion von 300 Schallplatten, die unter dem Titel »Lautdenkmal reichsdeutscher Mundarten zur Zeit Adolf Hitlers« dem »Führer« 1937 zum Geburtstag geschenkt wurden. Aus dem heute nordrhein-westfälischen Gebiet stammen immerhin 29 der Tondokumente, wobei diese Sprachproben für die meisten Orte die frühesten Dialektaufnahmen überhaupt darstellen, die, wie zu erwarten, oft den Geist der Zeit atmen. Alle Regionen des Landes sind in dieser Sammlung vertreten; zu den dokumentierten Städten und Dörfern gehören u. a. Heiligenkirchen in Lippe, Brockhagen in Ostwestfalen, Vorhelm im Münsterland, Warbeyen am unteren Niederrhein, Gummersbach im Bergischen Land, Fredeburg (heute Bad Fredeburg) im Sauerland, Herzhausen im Siegerland oder Losheim in der Eifel. Die Sprachprobe aus Vorhelm war von Augustin Wibbelt eingesprochen worden, einem Mundartautor, dessen Werk heute die »Augustin-Wibbelt-Gesellschaft« pflegt.

Ein Jahr nach Kriegsbeginn erschien im Verlag Moritz Diesterweg ein »Deutschkundliches Arbeitsbuch für die Volksschule«, dessen zweiter Band für die Klassen 3 und 4 bestimmt war. Es existierten regionale Ausgaben, eine davon war für die Regierungsbezirke Köln, Aachen und Düsseldorf-West bestimmt. Auf vielen Seiten des Unterrichtswerkes wurde der Dialekt behandelt, den zu »ehren« die Schüler in einer Präambel ermahnt wurden:

»Ehre deine Mundart!
Sie ist die Sprache deines Elternhauses. In ihr sang Mutter an deiner Wiege, spieltest du Ringelreihen, sprachen deine Ahnen zu dir, tanzte und sprang jung und alt im Jahreslaufe, und viele Wurzeln und Würzelchen bewahrt sie, damit die Hochsprache leben kann. Ehre sie, indem du sie sprichst!«

Das Schulbuch enthielt zahlreiche Übungseinheiten, ausgehend von den lautlichen Besonderheiten der Dialekte in diesem Teil des Rheinlands. So sollten die Schulkinder den *ich*-Laut üben, der in der betreffenden Region zu *sch* oder einem ähnlichen Laut wird (»Koronalisierung«). Beispielwörter waren *mutig, Blech, Teich, ich, Milch, Storch, fürchten, endlich, wichtig* (mit diesen Hervorhebungen). Der Laut, so erklärten die Schulbuchautoren, sei »breit« (»Mund breit«) zu sprechen: »Sonst wird es ein sch!« Es folgten die eigentlichen Sprechübungen: *Weich und warm / reich und arm / schlecht und recht [...]*.

Die rheinländischen Jungen und Mädchen, die damals die dritte oder vierte Volksschulklasse besuchten, sind heute (2015) etwa 85 Jahre alt. Viele, wenn nicht die meisten von ihnen, sind noch immer an ihrem *mutisch, Blesch* oder *isch* zu erkennen, manchmal auch an der »umgekehrten« Artikulation wie in *Fich* oder *Tich*, die von einer übermäßigen Vermeidungsstrategie beim *sch* zeugt. Eine Schulerfahrung dieser Menschen war: Wer den Dialekt als Muttersprache auf den Lebensweg mitbekommt und die Standardsprache erst später lernt, wird das ein oder andere (sprachliche) Problem haben. »Meine Kinder sollten es leichter haben« – diese Begründung ist oft zu hören, wenn ein älterer Muttersprachler in NRW gefragt wird, warum er (oder sie) den Dialekt nicht an die eigenen Töchter und Söhne weitergegeben hat.

Nach der Volkszählung des Jahres 1939 lebten in den Städten und Dörfern, die ab 1946 das Land NRW bildeten, rund 11,9 Millionen Menschen (Stichtag: 17.5.1939). Fünf Jahre nach dem Ende des Zweiten Weltkrieges (Stichtag: 13.9.1950) hatte das Bundesland etwa 13,2 Millionen EinwohnerInnen – eine bemerkenswerte Zunahme, wenn man einmal die Zahl der im Krieg Umgekommenen in Rechnung stellt. Flüchtlinge und Vertriebene waren für dieses Bevölkerungswachstum ausschlaggebend.

Als Folge des Krieges siedelten sich nämlich rund zweieinhalb Millionen Menschen aus den ehemaligen deutschen Ostgebieten in Nordrhein-Westfalen an. Zu diesen Neubürgern kam noch einmal eine knappe Million Deutscher aus der Sowjetischen Besatzungszone bzw. aus der DDR, bis dann der Mauerbau 1961 dieser innerdeutschen Flucht ein Ende machte. Dreieinhalb Millionen deutscher Migranten lebten also in diesen ersten Jahren in Nordrhein-Westfalen – ein enormer Prozentsatz der Bevölkerung, der von Ort zu Ort natürlich erheblich schwanken konnte. Wie würden sich diese Zugezogenen im Hinblick auf die örtlichen Dialekte verhalten?

Später, vor allem seit den 1980er Jahren, kamen noch die Spätaussiedler hinzu, vor allem aus der damaligen Sowjetunion und aus Polen. »Auch sie gehörten zum Erbe des Zweiten Weltkriegs, dessen Schatten damit in der Tat ein langer war.« Die Spätaussiedler trafen zwischen Rhein und Weser auf Menschen aus aller Herren Länder, darunter besonders viele Türken und Türkinnen, die als »Gastarbeiter« gekommen oder als Familienangehörige nachgezogen waren. All diese Migrationsbewegungen hatten »Mehrsprachigkeit« – in ganz unterschiedlichen Akzentuierungen – zur Folge (siehe Kap. 22).

12 Rheinisch und Westfälisch

Die Vorarbeiten zum »Rheinischen Wörterbuch« haben zu Beginn des 20. Jahrhunderts begonnen, zu einer Zeit also, als sich die Begriffe »rheinisch« und »Rheinland« in ihrer räumlichen Dimension mit dem Gebiet der preußischen Provinz deckten: Das »Rheinische Wörterbuch« war das Dialektwörterbuch der Rheinprovinz. »Rheinisch« ist – anders als »Fränkisch« (siehe Kap. 1) – kein Begriff der Sprachwissenschaft. Als Georg Wenker 1877 seine Schrift »Das rheinische Platt« nannte (siehe Kap. 10), war damit eigentlich gemeint: »Das Platt der Rheinprovinz«. Die Dialekte der Nachbarprovinz Westfalen blieben »selbstverständlich« außen vor.

Die preußische Teilung der westdeutschen Welt in eine rheinische und eine westfälische Hemisphäre prägt bis heute Dialektforschung und Dialektpflege im Bindestrichland Nordrhein-Westfalen. So deckt die Sprachabteilung des »LVR-Instituts für Landeskunde und Regionalgeschichte« (ehemals »Amt für rheinische Landeskunde«) von Bonn aus das Rheinland ab, während in Münster die »Kommission für Mundart- und Namenforschung Westfalens« tätig ist: Beide Einrichtungen orientieren sich an den Verwaltungsgrenzen innerhalb von NRW (siehe Karte). Der »Gruppe rheinischer Mundartautoren e. V.«, die sich vor einigen Jahren aufgelöst hat, gehörten keine Mitglieder aus dem Westfälischen an. Die Aufzählung komplementären Nebeneinanders ließe sich lange fortsetzen.

»Rheinisch« und »Westfälisch« sind also Bezeichnungen, die einerseits zur Identifikation einladen und sich anderer-

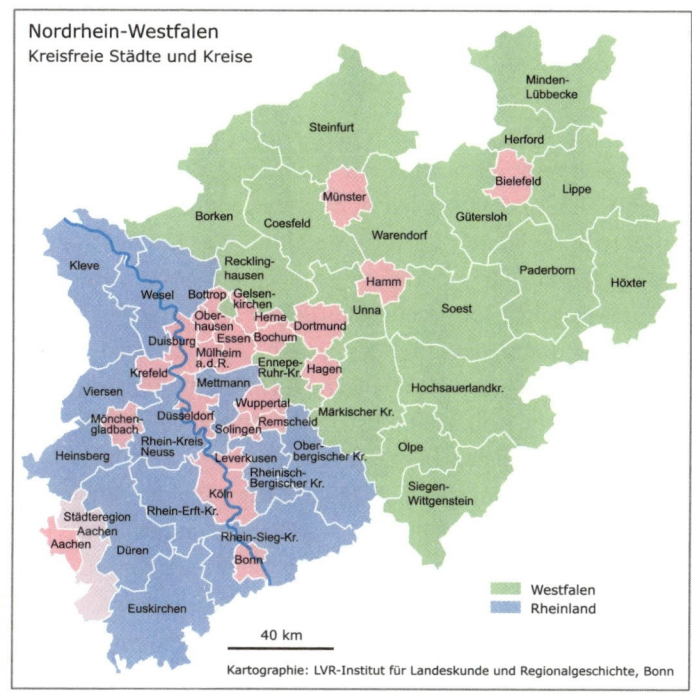

Nordrhein-Westfalen
Kreisfreie Städte und Kreise

Minden-
Lübbecke

Steinfurt

Herford

Bielefeld
Lippe

Münster

Gütersloh

Borken

Coesfeld

Warendorf

Reckling-
hausen

Kleve

Hamm

Paderborn

Höxter

Wesel Bottrop Gelsen-
kirchen
Ober-
hausen Herne
Duisburg Essen Bochum
Mülheim
a.d.R.
Krefeld

Unna

Soest

Dortmund

Ennepe-
Ruhr-Kr. Hagen

Viersen

Mettmann

Hochsauerlandkr.

Wuppertal

Mönchen-
gladbach

Düsseldorf

Solingen

Remscheid

Märkischer Kr.

Heinsberg

Rhein-Kreis
Neuss

Leverkusen

Ober-
bergischer Kr.

Olpe

Rheinisch-
Bergischer Kr.

Köln

Rhein-Erft-Kr.

Siegen-
Wittgenstein

Städteregion
Aachen
Aachen

Düren

Rhein-Sieg-Kr.

Bonn

Euskirchen

40 km

Westfalen
Rheinland

Kartographie: LVR-Institut für Landeskunde und Regionalgeschichte, Bonn

seits für Abgrenzungen anbieten. Die Geschichtsforschung in beiden Landesteilen hat an dieser Begriffsfüllung erheblichen Anteil:

»Darüber hinaus trugen die geschichtswissenschaftlichen Forschungsinstitute, also das mittlerweile aufgelöste Institut für Geschichtliche Landeskunde an der Universität Bonn sowie das Provinzialinstitut für westfälische Landes- und Volkskunde in Münster mit ihren Forschungsarbeiten und Publikationsreihen zur Vertiefung ausgeprägter regionaler Identitäten bei. Sie lieferten damit nach 1946 wichtige Bausteine für die Konstruktion der Geschichtspolitik in Nordrhein-Westfalen, standen dieser aber zugleich im Wege, weil sie vor allem die Interessen ihrer Regionen im Auge hatten.«

Die forschungsorganisatorische Aufteilung des Gebietes zwischen Rhein und Weser hat immer wieder zur Folge, dass bestimmte Sprachdaten für die eine Hälfte des Landes zur Verfügung stehen, für die andere aber fehlen. Man würde sich beispielsweise für die rheinische Seite eine Entsprechung zu der Dialektumfrage wünschen, die ein Münsteraner Forscher 1936 im Auftrag des Westfälischen Heimatbundes durchgeführt hat (siehe Kap. 15). So entstehen halbseitige Bilder.

Drei Germanisten betraten im März 1999 absolutes Neuland, als sie in Münster eine Tagung zum Thema »Rheinisch-Westfälische Sprachgeschichte« ausrichteten und dabei das ganze Land Nordrhein-Westfalen in den Blick nahmen. Ein Jahr später erschien unter demselben Titel ein Tagungsband, der die Sprachgeschichte binnendifferenziert – also getrennt – nach Teilregionen (Niederrhein, Rheinland und Westfalen) darbot, analog zu den individuellen Forschungsfeldern der beteiligten Sprachwissenschaftler. Quer zu dieser Dreiteilung lag der Beitrag zur Sprachentwicklung im Ruhrgebiet, dessen Zeitrahmen im 19. Jahrhundert ansetzte.

»Nordrhein« oder »Rheinland« – bis heute hat der im Namen des Landes NRW verwendete Begriff die alte, auf die preußische Rheinprovinz verweisende Bezeichnung nicht verdrängen können. Der in Köln ansässige Kommunalverband heißt »Landschaftsverband Rheinland«; eine Touristin aus Leverkusen oder Düren wird beim Urlaub in Österreich von sich sagen, sie stamme »aus dem Rheinland«, und nicht »vom Nordrhein«. Die Bezeichnung »Rheinland« ist allerdings mehrdeutig, da sie sich in Abgrenzung von »Niederrhein« und »Bergischem Land« definieren lässt, aber auch als Oberbegriff dazu dient;

außerdem ist »Rheinland« im Falle eines anderen Bundeslandes namengebend geworden: Rheinland-Pfalz. Noch komplizierter und verwirrender wird es, wenn, besonders von Historikern und Geographen, das gesamte Gebiet nördlich des Siebengebirges als »Niederrhein« bezeichnet wird. Bei dieser Terminologie läge Köln, alltagssprachlich heute untrennbar mit dem »Rheinland« verbunden, noch am »Niederrhein«!

Eine hieb- und stichfeste Abgrenzung für den Niederrhein gibt es nicht. Dass er in der genannten Sprachgeschichte des Jahres 2000 in einer eigenen Entwicklungslinie dargestellt wurde, ist u. a. der Bedeutung der Benrather Linie (siehe Kap. 2) und der geographischen wie sprachlichen Nähe des Raumes zu den Niederlanden (siehe Kap. 7) zu verdanken. Der Dialekt des Niederrheins ist das Niederfränkische, das auch in Teilen des Bergischen Landes gesprochen wird (siehe Kap. 3 und 10).

Der Begriff »Westfälisch« scheint auf den ersten Blick vielleicht die wenigsten Schwierigkeiten zu bereiten. Auf einer Sprachkarte des Landschaftsverbandes Westfalen-Lippe werden alle Dialekte Westfalens nördlich der Benrather Linie, also ohne das Siegerland und Wittgenstein und ohne das westfälische Hallenberg, zum »westfälischen« Dialektgebiet gerechnet – auch wenn die eingezeichneten »westfälischen« Dialektmerkmale nicht in allen Orten Westfalens zu finden sind. Im Kern liegt also eine politische Grenzziehung zugrunde. Wenn Dialektologen von sprachlichen Phänomenen ausgehen, rechnen sie auch Orte im Landesteil Rheinland (etwa Essen), in Niedersachsen (Osnabrück) und in Hessen zum »westfälischen« Dialektraum. Diese nordhessischen Dialekte sind im großen »Westfälischen Wörterbuch« auch berücksichtigt. Dagegen gehört das Platt von Anholt, dem westlichsten Dorf Westfalens, nach sprachwissenschaftlichen Kategorien bereits zum Niederfränkischen wie der Dialekt im benachbarten (niederrheinischen) Emmerich.

Im Jahre 1969 formulierte der Sprachforscher Erich Nörrenberg die westfälische Sicht, bei der trotz aller räumlichen Varianten am Ende eben doch das Gemeinsame, verbürgt durch den Begriff »westfälisch«, dominiert:

> »Es gibt keine westfälische Mundart mit ähnlich klar gezogenen Grenzen, wie sie etwa die elsässische, die schlesische oder die mecklenburgische Sprachlandschaft zeigt. Wohl aber gibt es westfälische *Mundarten*; und bei den meisten besteht kein Zweifel, daß man sie so nennen darf.«

1993 erschien ein regionaler Dialektatlas, der sowohl Anholt als auch Emmerich einbezog. Die Atlaskarten waren in zweifacher Weise grenzüberschreitend angelegt und umfassten den Raum von Enschede (NL) und Gronau (Kreis Borken) im Norden bis nach Venray (NL) und Geldern (Kreis Kleve) im Süden. Behandelt wurde also ein Gebiet im Westen Nordrhein-Westfalens zusammen mit den Nachbarregionen jenseits der Staatsgrenze, wobei der deutsche Kartenausschnitt das Westmünsterland (zwischen Gronau und Anholt) und den unteren Niederrhein (von Emmerich bis Geldern) einbezog: Teile des Rheinlands und Westfalens.

»Dialekt à la carte« lautete der Titel dieses Sprachatlasses, dessen Intention es war, sowohl Elemente der uralten Dialektverwandtschaft zu dokumentieren als auch Einblicke in aktuelle Sprachwandelprozesse zu ermöglichen. Beteiligt an diesem Kooperationsunternehmen war auf niederländischer Seite ein Institut im grenznahen Doetinchem, in NRW wurde das Projekt von Einrichtungen im westfälischen Vreden und im rheinischen Bonn getragen. Auf einer der Karten ging es um die Bezeichnungen für das erste abgeschnittene Stück eines Brotlaibs. Dabei zeigte sich beispielsweise, dass ein Wort wie *Mäckske* oder *Mäcksken* – als Verkleinerungsform von

Mack(e) – den DialektsprecherInnen auf beiden Seiten der
rheinisch-westfälischen Grenze bekannt ist.

13 Sprachlandschaft NRW

Berlebeck liegt im Lippischen und gehört heute zu Detmold;
das niederrheinische Hinsbeck ist eine von fünf Ortschaften,
die sich zur Stadt Nettetal (Kreis Viersen) an der niederländischen Grenze zusammenfügen. Beide Orte waren Ziele eines
jungen Sprachforschers, der im ersten Jahrzehnt des 21. Jahrhunderts für seine Doktorarbeit nach weiblichen Gewährspersonen suchte. Bei seinen Erkundungen konnte er schnell
feststellen, dass sich die Sprachverhältnisse innerhalb Nordrhein-Westfalens heute signifikant unterscheiden:

>»Die beiden Ortspunkte Berlebeck und Hinsbeck sind zwei
>sprachlich entgegengesetzte Außenposten im niederdeut-
>schen Teil Nordrhein-Westfalens. In Berlebeck ist die Ver-
>wendung des alten ostwestfälisch-lippischen Basisdialekts
>des Niederdeutschen nicht mehr greifbar, der Sprechsprach-
>wechsel ist abgeschlossen und auch die hochdeutsch ba-
>sierte regionale Umgangssprache des Ortspunkts ist dem-
>entsprechend relativ standardnah. In Hinsbeck ist der alte
>niederfränkische Basisdialekt noch existent, so verfügen
>alle untersuchten Gewährsfrauen der älteren Gruppe [...]
>über eine ausgeprägte dialektale Kompetenz.«

Während der Dialekt in Berlebeck also wohl als ausgestorben
gelten kann, sind in Hinsbeck noch Frauen (und auch Männer)
zu finden, die eine »ausgeprägte« Dialektkompetenz besitzen.
Eine im Jahre 2015 erscheinende »Kleine Sprachgeschichte von
Nordrhein-Westfalen« hat also zu konstatieren, dass der Dialekt

(Platt / Plattdeutsch) gar nicht mehr überall zu finden ist. So fehlt er weitgehend im Ruhrgebiet, das seit der Industrialisierung im 19. Jahrhundert einen sprachgeschichtlichen Sonderweg eingeschlagen hat (siehe Kap. 19). Aber auch anderswo hat der Dialektverlust z. T. dramatische Formen angenommen (siehe Kap. 15).

Eine besondere Situation ist durch den rheinischen Tagebau zwischen Mönchengladbach, Aachen und Köln entstanden. Zahlreiche Ortschaften verschwanden seitdem von der Landkarte und, wie zu ergänzen wäre, auch von der Dialektkarte. Die Bewohner der betreffenden Dörfer wurden umgesiedelt. Seit 1952 existiert der Weiler Aldenrath nicht mehr, im Jahr darauf folgten Hehlrath und Bottenbroich, als nächste waren Luisenhöhe, Ichendorf (mit einer Teilumsiedlung) und Benzelrath an der Reihe. In manchen Fällen wurden die Dorfbewohner als Gesamtheit in einem neu angelegten Ort angesiedelt, so dass beispielsweise die Sprachgemeinschaft von Lich-Steinstraß in der sieben Kilometer entfernt gelegenen Neugründung Neu-Lich-Steinstraß weiterbestehen kann. In Neu-Lohn (heute zu Eschweiler gehörend) kann man dagegen auf Menschen treffen, die ihren Dialekt einst in Pützlohn, Langendorf, Lohn oder Erberich erlernt haben; die genannten Dörfer wurden zwischen 1972 und 1985 abgebaggert. Ob und wie sich die Dialekte nach der Umsiedlung ihrer Sprecher verändert haben, ist nicht bekannt. Auch über die Auswirkung der neuen Umgebung auf das Sprachverhalten der betroffenen Menschen (wurde / wird weiter Platt gesprochen?) weiß man nichts.

Wer also sprachliche Einteilungskarten des Landes in die Hand nimmt (siehe Kap. 3 und 10), muss sich vor Augen halten, dass die heutige Dialektlandschaft sozusagen Löcher und weiße Flächen aufweist.

Dafür hat die Zahl der Varianten innerhalb der einzelnen Ortsdialekte in der Zeit nach 1945 zugenommen. Das liegt einmal daran, dass die Dialektforschung dem Phänomen der innerörtlichen Varianz nun viel mehr Aufmerksamkeit schenkt als in früheren Jahren (siehe Kap. 10): Das Mehr an Varianten wäre in diesem Fall also nur ein scheinbares – man hat viele Facetten der Varianz früher einfach ausgeblendet. Dagegen ist ein zweiter Grund in der Sprachrealität zu suchen: Da die Hochdeutschkompetenz der Dialektsprecher immer besser geworden ist und viele von ihnen im Alltag längst mehr Hochdeutsch als Plattdeutsch sprechen, schleichen sich heutzutage häufiger standardsprachliche Elemente in den Dialekt ein – wodurch die innerdialektale Varianz wächst.

Das wurde zum Beispiel 1999 sichtbar, als im Rahmen einer Magisterarbeit an der Universität Münster der Dialekt im münsterländischen Wettringen (Kreis Steinfurt) untersucht wurde. Das dortige Platt zeichnet sich durch eine weitgehende Tilgung des auslautenden -*e* aus. Heißt es im Hochdeutschen *Katze* (Einzahl) oder *Gänse* (Mehrzahl), haben die Entsprechungen im Dialekt von Wettringen eine Silbe weniger: *Katt* und *Gais* (oder *Chais*). Werden allerdings Wörter aus dem Hochdeutschen in den Dialekt entlehnt, wird das -*e* oft mit übernommen: Dann ist im Wettringer Platt *Chedichte*, *Cheschäfte*, *Klasse* oder *Wuostetante* ›Wursttante‹ zu hören. Doch tritt das für den Ortsdialekt untypische -*e* auch in anderen Fällen auf, etwa bei *Pulle* oder *Snute*; und die Mehrzahlform von ›Bein‹ kann wechselweise *Beene* oder *Been* lauten – auch in einem Dorf, dessen Dialekt in den Orten der Umgebung für seine *e*-Tilgung bekannt ist!

Als im Jahre 2014 in Bracht am Niederrhein dialektkompetente Menschen gesucht wurden, die einen Fragebogen auszufüllen bereit waren, machten 181 Einwohner und Einwohnerinnen mit (siehe Kap. 16). Eine der Fragen zielte auf die mundartliche Bezeichnung für den Sperling. Die Auswertung ergab, dass in diesem Dorf *Putsch*, *Sputz*, *Spatz* und *Mösch* miteinander konkurrieren. Von sprachlicher Einförmigkeit kann hier nicht die Rede sein!

Zurück nach Wettringen: Dort sprechen die Menschen von der *Katt*, der *Brügg* ›Brücke‹, der *Kaor* ›Karre‹ oder der *Küëk* ›Küche‹. Einige Kilometer entfernt liegt Neuenkirchen, wo man in all diesen Fällen das *-e* realisiert: *Katte, Brügge, Kaore, Küëke*. Dabei ist die zweisilbige Form die jeweils sprachgeschichtlich ältere, in Wettringen wurde das *-e* im Laufe der Jahrhunderte abgebaut. Warum sich in den Dialekten bestimmte Laute und Formen von der fränkisch-sächsischen Zeit bis ins 21. Jahrhundert haben halten können, warum andere sich gewandelt oder verändert haben oder sogar vollständig verschwunden sind – das sind spannende Fragen. Die Dialektforschung sucht u. a. nach Antworten darauf, indem sie Sprachkarten zeichnet und die Kartenbilder deutet. Auf diese Weise wird zumindest die relative Chronologie sprachlicher Abläufe fassbar.

»Plattdeutsches Wörterbuch des kurkölnischen Sauerlandes« lautet der Titel eines 1988 im Auftrag des Sauerländer Heimatbundes herausgegebenen Werkes. Dem Lexikonteil vorangestellt ist ein Kapitel zur »dialektgeographischen Gliederung« des bearbeiteten Raumes; es enthält 13 Sprachkarten, von denen die erste den Lautvarianten von ›Haus‹ gewidmet ist. Die Umzeichnung dieser Karte beschränkt sich auf das Gebiet des Hochsauerlandkreises.

Hius – mit der dem Hochdeutschen wie den meisten Dialekten in NRW fremden Lautfolge *iu* – ist im Norden und Westen des Kreises zu hören, u. a. in Arnsberg, Sundern und Meschede. Die andere Hälfte des Kreisgebietes teilen sich die Varianten *Hous, Höus* und *Hus / Huës*. *Hous* haben die Dialekte u. a. in Marsberg (im Nordosten) und in Hallenberg (im Südosten), während *Höus* für Brilon oder Schmallenberg gilt. Eine kleine Ecke rund um Winterberg hat *Hus* (mit langem *u*) bzw.

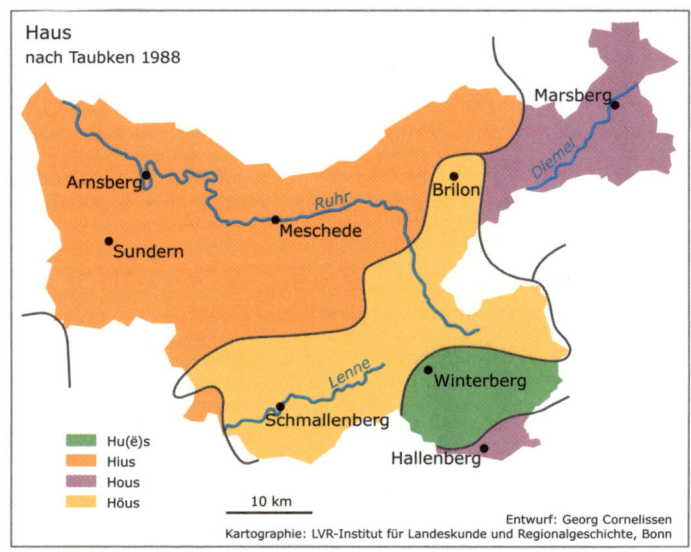

Haus
nach Taubken 1988

Marsberg

Arnsberg

Brilon

Ruhr

Meschede

Sundern

Diemel

Lenne

Winterberg

Schmallenberg

Hallenberg

🟩	Hu(ë)s
🟧	Hius
🟪	Hous
🟨	Höus

10 km

Entwurf: Georg Cornelissen
Kartographie: LVR-Institut für Landeskunde und Regionalgeschichte, Bonn

Huës. Das Bemerkenswerteste an diesem Kartenbild ist seine »Arealität«: Die Dialekte von Nachbarorten bilden zusammenhängende Gebiete (Areale) mit identischen Varianten. So ist *Hius* nicht nur in Arnsberg, sondern auch in den benachbarten Orten Breitenbruch, Oeventrop oder Hachen (nicht auf der Karte eingezeichnet) zu finden: Diese *Hius*-Belege bilden mit den weiter entfernt liegenden ein Areal, das sich übrigens nach Norden hin noch weit über den Kartenrand hinaus fortsetzt. Nachbarorte tendieren dazu, ihre Dialekte zu synchronisieren – das erleichtert die wechselseitige Verständigung. Auf Sprachkarten lassen sich deshalb in der Regel Areale und Strukturen erkennen; »wilde«, buntgewürfelte Patchwork-Muster sind selten.

Die älteste Lautvariante ist *Hus*. *Huës, Hius, Hous* und *Höus* gehen auf diesen *u*-Laut zurück, der in der Wissenschaft als »kontinentalwestgermanisches« Lang-*u* bezeichnet wird.

Auf der themengleichen Karte des großen »Deutschen Sprach-atlas« ist nachzuverfolgen, ob und wie sich die Areale jenseits der Grenzen des Hochsauerlandes ausdehnen. Anderswo in NRW existieren noch zahlreiche *Hus*-Gebiete; so haben die meisten Dialekte des Rheinlandes *Hus* (oder *Huss*), nur am unteren Niederrhein und in einigen Orten in der Eifel sagen die Dialektsprecher *Hüss*.

Durch genaue Beobachtung und kluge Kombination lässt sich – allerdings nicht immer – erschließen, wie sich die auf den modernen Sprachkarten dokumentierten Strukturen im Laufe der Zeit verändert haben könnten. Was den ForscherInnen und den interessierten Laien ungemein helfen würde, wären ältere Sprachkarten zu denselben Themen. Die aber fehlen in aller Regel. In kurkölnischer Zeit, als die Städte Arnsberg oder Brilon zum Territorium des Kölner Erzbischofs und Kurfürsten gehörten, ist kein Mensch auf die Idee gekommen, die Sprachlandschaft des Sauerlandes zu kartieren.

Im Jahre 1968 brachte die in Siegen angesiedelte »Forschungsstelle Siegerland« das große »Siegerländer Wörterbuch« heraus; es handelte sich dabei um die bearbeitete Neuauflage eines Werkes aus der Zeit vor dem Zweiten Weltkrieg. Insgesamt 65 Wort-, Laut- und Formenkarten bildeten den Abschluss dieser lexikalischen Dokumentation. Auf der Karte 51 sind die Varianten der Wochentagsbezeichnung ›Dienstag‹ zu finden – es waren nicht weniger als sieben, die sich wie folgt verteilten: Im Norden des Siegerlandes sagte man *Dejsdaag*, weiter südlich waren fünf Zusammensetzungen mit *-dig* im Gebrauch – *Dees-*, *Deas-*, *Diës-*, *Dies-* und *Daasdig*. In der Stadt Siegen benutzten die Dialektsprecher die hochdeutschnächste Form *Densdaag*. Es ist gut möglich, dass sich *Densdaag* inzwischen auch auf dem Lande ausgebreitet hat.

Die heutige sprachräumliche Variation des Siegerlandes ist das Thema eines großen Projekts, das derzeit an der Universität

Siegen durchgeführt wird. Auf der Homepage des »Siegerländer Sprachatlas« (SiSal) ist dazu zu lesen:

»Der eigene Dialekt ist für viele Menschen ein wichtiger Bestandteil ihres täglichen Lebens; er ist die Sprache der Heimat, Vertrautheit und Gemeinschaft. Viele Dialektsprecher wissen auch, dass oft schon im Nachbardorf etwas anders gesprochen wird. Diese Unterschiede zwischen den großen Dialektgruppen einerseits, aber auch innerhalb eines Dialektes andererseits lassen sich auf die unterschiedlichen Entwicklungen der Sprache seit dem Mittelalter zurückführen.«

Für diesen Sprachatlas wurden in den Jahren 2011/12 Gewährsleute mit dem Aufnahmegerät befragt. Geplant ist eine Veröffentlichung der Ergebnisse in Buchform und als »Sprechender Sprachatlas« im Internet. Gerade der Vergleich mit den älteren Karten dürfte interessante Aufschlüsse zum Sprachwandel im Siegerland erbringen.

Die bis heute zwischen Rhein und Weser gesprochenen Dialekte haben sich in Zeiten entwickelt, als die mündliche Kommunikation vor allem auf das eigene Dorf oder auf die eigene Stadt ausgerichtet war. Ob der Dialekt auch fünf oder zehn Meilen weiter noch zu verstehen war, spielte keine Rolle. Auf der schriftlichen Ebene traten zunächst die Schreibdialekte und im Spätmittelalter dann die landschaftlichen Schreibsprachen hinzu – allerdings war die Schriftlichkeit zu der Zeit das Feld weniger eingeweihter Personen. Das 19. Jahrhundert brachte mit den Verbesserungen des Schulbesuchs (der verstärkten Hochdeutschkompetenz) und mit der gewachsenen Mobilität tiefgreifende Veränderungen: Die sprachlichen Anforderungen an den Einzelnen nahmen zu, während sich seine kommunikativen Kompetenzen erweiterten. Wie weit reichte sein Platt?

Allem Anschein nach liegen keine wissenschaftlichen Untersuchungen dazu vor. Als im 19. Jahrhundert die ersten Dialektforscher auf den Plan traten, interessierten sie sich brennend
für die Feinheiten der einzelnen Ortsdialekte, für die zwischen-
örtlichen Abgrenzungen und für die Einteilung der Sprachlandschaft – welche Auswirkungen die räumliche Gliederung der
Dialekte für die Alltagskommunikation der Menschen aber hatte,
»ab wo« eine Verständigung im Dialekt eigentlich nicht mehr
möglich war, wurde als Frage nicht formuliert.

Als Georg Wenker 1877 seine Schrift »Das rheinische Platt«
vorlegte, begann er mit einem »Histörchen als Einleitung«:

>»Zu Köln war große landwirthschaftliche Ausstellung. Da
>bin ich auch hingegangen; wenn aber Einer meint, ich wäre
>der Sachen wegen hingekommen, die da all' zu sehen wa-
>ren, so irrt er sich gewaltig, und es räth auch so leicht Nie-
>mand, was ich denn eigentlich da auf der Ausstellung woll-
>te. Ich werde auch wohl der einzige unter all' den tausend
>Menschen gewesen sein, der die Ausstellung besuchte, um
>'mal wieder recht echt platt sprechen zu hören. Das konnte
>man aber auch da haben! Da waren Leute aus allen Ecken
>der Rheinprovinz, von Aachen und aus dem Bergischen, aus
>der Eifel und aus dem Oberland.«

Die große preußische Rheinprovinz: Sie erstreckte sich von
Kleve im Norden über Düsseldorf, Köln und Koblenz bis ins
heutige Saarland, sie reichte von Aachen im Westen bis an die
Grenze Westfalens. Wer hier ausschließlich Platt sprach, weil
er das Hochdeutsche nicht oder nur unvollkommen beherrschte, war aufgeschmissen. Genau das demonstrierte Georg Wenker im weiteren Verlauf seines »Histörchens« am Beispiel eines
fiktiven Gesprächs: Während der Landwirtschaftsausstellung
treffen Männer aus allen Ecken der Provinz in einem Wirtshaus

aufeinander und versuchen, eine Unterhaltung im Dialekt zu führen. Das funktioniert nicht – nur er selbst, Georg Wenker, der mit am Tisch sitzt, kann dolmetschen, weil er im Jahr zuvor eine große Fragebogenerhebung im Rheinland durchgeführt und so die Dialektlandschaft kennengelernt hat (siehe Kap. 9). *Wo hatt Ehr dann dat dolle Platt geleh't, dat kann jo keine Minsch vun uns all he verstonn?*, fragt ein Kölner Gesprächsteilnehmer: »Wo habt Ihr denn das dolle Platt gelernt, das kann ja kein Mensch von uns allen hier verstehen?« Ein Niederrheiner aus der Kranenburger Ecke meldet sich zu Wort: *Ne, eck häbb der nex van verstande, wat gey dor so effkes vertellt hädt*: »Nein, ich habe davon nichts verstanden, was Ihr da soeben erzählt habt.«

Zwischen 1877 und 1946 verschoben sich die Gewichte zwischen Dialekt und Hochdeutsch immer weiter zugunsten der in der Schule gelehrten Sprache. Aber viele Menschen gebrauchten weiterhin ihr Platt – mit dem Heimatort als sicherem Sprachhafen. Wenn die Männer jedoch in Fabriken arbeiteten und deshalb pendeln mussten, wenn die Fußballer auf dem Sportplatz auf die Spieler der gegnerischen Mannschaft trafen, wenn die Verwandtschaft zu Familienfesten zusammenkam – wurde dann Platt gesprochen? In welchem Radius »funktionierte« das jeweilige Platt? Ab welcher Entfernung musste aufs Hochdeutsche umgestiegen werden? Über die »interdialektale« Verstehbarkeit, so der Fachbegriff, weiß man so gut wie nichts.

Der in den 1970er Jahren versandte Fragebogen 23 des »Westfälischen Wörterbuchs« enthielt zwei in dieser Hinsicht besonders interessante Fragen. Sie lauteten: »In welchen benachbarten Orten spricht man Ihrer Meinung nach auch so wie in dem Ort, für den die obigen Angaben gelten?« Und: »In welchen Orten Ihrer Umgebung spricht man merklich anders?« Etwa drei Jahrzehnte später wertete eine Münsteraner Studentin die

Ergebnisse der ersten Frage für ihre Magisterarbeit aus, 2012 wurde ein Buch daraus, zu dem eine großformatige Karte gehörte, erstellt nach der »Pfeilchen-Methode« (siehe Abbildung des Buchumschlags).

Die Pfeilchen bilden die sprachlichen Gemeinsamkeiten zwischen Nachbardialekten ab: Wurden von den Gewährsleuten bei Frage 1 zwei Orte genannt, werden sie auf der Karte mit einem Pfeil verbunden. Was die überaus interessante Karte also zeigt, sind Wahrnehmungen der Westfalen und Westfälinnen zur Ähnlichkeit (oder Verwandtschaft) von Dialekten in ihrer näheren oder weiteren Umgebung. Was die Karte natürlich nicht zeigen kann (weil danach ja auch gar nicht gefragt worden war), sind tatsächliche Verwendungsräume oder kommunikative Radien der einzelnen Dialekte.

Zu Georg Wenkers Schrift aus dem Jahre 1877 hatte eine Einteilungskarte für die Dialekte in der damaligen Rheinprovinz (nördlich der Mosel) gehört, in die u. a. die »Grenze von Benrath« (so Wenker) eingezeichnet war (siehe Kap. 2). Da die Benrather Linie westlich des Rheins und auch noch im Raum Düsseldorf keine Verständigungsbarriere darstellt, könnten Nachbarorte nördlich und südlich davon auf einer Sprachverwendungskarte ohne weiteres mit Pfeilchen verbunden werden.

Am Ende des 19. Jahrhunderts lautete der Name der Stadt Krefeld in ihrem eigenen Dialekt noch *Krewel*, während 1946 die meisten Dialektsprecher ihre Vaterstadt *Kriëwel* und ihr Platt *Kriëwelsch* nannten. Ein Teil der Einwohner, besonders die älteren, wird aber auch damals noch *Krewel* (und entsprechend *Krewelsch*) gesagt haben. Der Lautwandel lässt sich datieren: In den letzten Jahrzehnten des 19. Jahrhunderts übernahm der Krefelder Dialekt den Zwielaut *ië* von seinen südlichen und südwestlichen Nachbarorten. Bis dahin hatte es in Krefeld *Fleesch* ›Fleisch‹ oder *Jeet* ›Ziege‹ geheißen, daraus wurde nun *Fliësch* und *Jiët*. Analog dazu wandelten sich das

Daniela Twilfer

Westfälische Beiträge
zur niederdeutschen
Philologie **Band 13**

Dialektgrenzen
im Kopf

Der westfälische Sprachraum
aus volkslinguistischer
Perspektive

Verlag für Regionalgeschichte

lange *o* zu *uë* und das lange *ö* zu *üë*. Aus *lope* wurde also *luëpe* ›laufen‹, statt *jlöwe* sagte man nun *jlüëwe* ›glauben‹. Innerhalb des Krefeldischen entfaltete dieser Wandel eine ganz eigene Dynamik, so dass in diesem Dialekt heute mehr diphthongische Fälle (*ië, uë, üë*) vorkommen als in den Nachbarorten, in denen diese Laute schon länger beheimatet waren. »Sprachwandel« zeigt sich hier als Lautwandel: Am Anfang steht die Übernahme benachbarter Sprachelemente, dann kommt eine »übermäßige« Ausdehnung des Lautersatzes in Gang. Wer zwischen 1890 und 1900 in Krefeld geboren und noch mit dem alten Lautstand (*Krewel, lope, jlöwe*) aufgewachsen war, gehörte einige Jahre nach dem Ende des Zweiten Weltkrieges bereits zu den älteren SprecherInnen des Dialekts. Das Platt der nächsten Generation (*Kriëwel, luëpe, jlüëwe*) klang unüberhörbar anders – eine Grunderfahrung aller Dialektsprechenden zwischen Rhein und Weser.

Die Ortschaften Söven und Westerhausen liegen in der Nähe von Hennef im südlichen Rheinland. Dort befragte eine Bonner Studentin für ihre Staatsarbeit im Jahre 1990 dialektkompetente Männer und Frauen dreier Generationen; die Mitglieder der jüngsten Altersgruppe waren 17 bis 25 Jahre alt. Ihr dialektaler Wortschatz unterschied sich deutlich von dem der Eltern- und Großelterngeneration. Nannten die Senioren die ›Haushälterin des Pastors‹ noch *Kauch* oder *Käuch*, tendierte die mittlere Altersgruppe schon zu *Hushäldisch*, kannte die beiden anderen Bezeichnungen aber auch noch; für die jungen Leute gab es nur noch die *Hushäldisch*. Ganz genauso verhielt es sich bei *Schaus/Schoss* und *Schubblad*. Die Jugend sagte *Schubblad*, die Großeltern gebrauchten noch die alten Synonyme *Schaus* oder *Schoss*: »Der Einfluß des Hochdeutschen auf den Dialekt manifestiert sich zunehmend in der Bildung standardnaher Varianten, die hauptsächlich bei den jüngsten Sprechern anzutreffen sind.« Die hochdeutschen Vorbilder vieler Wörter sind gut zu erkennen: *Haushälterin – Hushäldisch, Schublade – Schubblad*. In diesen Fällen lieferte also nicht die Nachbarmundart (wie im Falle von *Krewel/Kriëwel*), sondern das Hochdeutsche die Zielformen des Wandels.

Nach manchem brauchte man die jungen Leute in der Gegend von Hennef gar nicht mehr zu fragen, etwa nach dem Dialektwort für den ›zweiten Schnitt bei der Heuernte‹ (*Jrummet* oder *Jraomerich*). Die Veränderungen in der Landwirtschaft, die sich nach dem Zweiten Weltkrieg vollzogen haben, haben viele alte Wörter verschwinden lassen: Das, was sie einmal bezeichnet haben, gibt es schlicht nicht mehr.

Im westlichen Münsterland wurden in den 1970er Jahren viele DialektsprecherInnen für eine sprachwissenschaftliche Doktorarbeit besucht. Gefragt wurden sie u. a., wie sie auf

Plattdeutsch den ›Führerschein‹, den ›Mülleimer‹ oder die ›Windschutzscheibe‹ nennen: *Führerschien, Müllemmer* und *Windschutzschiewe* lauteten die Antworten. *Elektroherd, Reißverschluss* oder *Scheinwerfer* wurden sogar unverändert aus dem Standarddeutschen übernommen. Was sich hier zeigt, prägt vermutlich die gesamte Dialektlandschaft Nordrhein-Westfalens: Für Neues wird dessen hochdeutsche Bezeichnung im Dialekt adaptiert, wobei Lehnübersetzungen oder teilweise Lehnübersetzungen (*Windschutzschiewe*) seltener sind als 1:1-Übernahmen. Eigenständige oder lokale Neuwörter bilden die große Ausnahme – was ja auch Sinn macht: Für die interdialektale Verstehbarkeit sind *Führerschien* oder *Müllemmer* Ideallösungen.

Man darf sich durch solche Entlehnungen allerdings nicht täuschen lassen: Die Dialekte Nordrhein-Westfalens haben in den letzten 70 Jahren zwar vieles aus der Standardsprache übernommen; für Ortsfremde oder für Zuziehende, wenn sie nicht gerade aus der näheren Umgebung stammen, sind sie aber immer noch mehr oder weniger unverständlich.

Auf Dialektkarten Nordrhein-Westfalens wird heute noch mit denselben Einteilungslinien operiert wie vor dem Zweiten Weltkrieg – schon deshalb, weil mögliche Veränderungen (Verschiebungen, Konturverluste) in den letzten Jahrzehnten nicht dokumentiert worden sind. Die rechtsrheinische Teilstrecke der Benrather Linie zwischen Solingen und der Landesgrenze im Osten ist zweifellos die markanteste Bruchstelle in der Dialektgeographie des Landes – sie ist eine echte »Dialektgrenze«.

Unmittelbar an der Grenze zu Westfalen liegt die bergische Stadt Wipperfürth, in deren Umgebung die folgende Sprachprobe im Jahre 1982 aufgenommen wurde. Hier erinnert sich eine Frau, die bei Kriegsende die Schulbank drückte, an die Vorbereitungen für ihre Hochzeit im Jahre 1957:

[Die Hochzeit sollte nach dem Frühling] *un vör dem Heu sien, also Engs Mai, un en Sunnovend moche dat sien, dann ko-fe uns de Tied nähmen un sondachs uutschlopen. Et wotte aanjestrecken un tapezeert. Ek nähjete mie et Hochtiedskleed, fi koften en Schleier, dat Myrten-Diadem lehnte mie de Besmoder van ehrer ejenen Hochtied. Ek heff dat jodde Stöck nu noch un well et mie för de Silverhochtied opaarben.*

Die Hochzeit sollte nach dem Frühling und vor dem Heu sein, also Ende Mai, und Sonnabend musste es sein, dann konnten wir uns die Zeit nehmen und sonntags ausschlafen. Es wurde angestrichen und tapeziert. Ich nähte mir das Hochzeitskleid, wir kauften einen Schleier, das Myrten-Diadem lieh mir die Großmutter von ihrer eigenen Hochzeit. Ich habe das gute Stück heute noch und will es mir für die Silberhochzeit aufarbeiten.

Auf der Karte des »Deutschen Wortatlas« für den Werktag vor dem Sonntag liegt Wipperfürth einige Kilometer westlich der *Samstag-Sonnabend*-Linie (siehe Kap. 4). In dieser Sprachaufnahme ist allerdings nicht **Samsdag*, sondern *Sunnovend* zu hören – wohl ein Hinweis auf Varianz, mit der gerade an »Grenzen« zu rechnen ist.

14 »Hauchdütschk was eenlick miene iärste Früemdsproak«

Als 1946 das Land Nordrhein-Westfalen aus der Taufe gehoben wurde, sprachen viele Kinder noch Platt. Eins von ihnen, ein münsterländischer Bauernsohn, erinnerte sich später:

To miene Kinnertiet wuor up de Buernhöef
bloß platt küert. Äs ick 1944 in'ne School kamm,
konn ick biätter platt küern äs hauchdütschk.
Hauchdütschk was eenlick miene iärste Früemd-
sproak. Aowwer ick häer't vellicht'n biettken
lichter äs mannich anner I-Männken. Use Moder
was nämlick daorup bedacht, dat wi aal äs kleine
Blagen Hauchdütschk lärden. Denn so – dat
männ use Moder – konn'n wi in'ne School biätter
metkuemmen.

Zu meiner Kinderzeit wurde auf den Bauernhöfen bloß Platt gesprochen. Als ich 1944 in die Schule kam, konnte ich besser Platt sprechen als Hochdeutsch. Hochdeutsch war eigentlich meine erste Fremdsprache. Aber ich hatte es vielleicht ein bisschen leichter als manch anderes I-Männchen. Unsere Mutter war nämlich darauf bedacht, dass wir schon als kleine Kinder Hochdeutsch lernten. Denn so – das meinte unsere Mutter – konnten wir in der Schule besser mithalten.

Kinder, die Dialekt sprachen, erlernten diese Sprachform entweder parallel zum Standarddeutschen oder sogar noch als Erstsprache. Die Eltern, die auf ein doppeltes Sprachangebot Wert legten, glaubten, ihrem Kind dadurch bestimmte Schulschwierigkeiten zu ersparen. Außerdem wurde der Nur-Dialektsprecher als zurückgeblieben eingestuft. Der Zeitzeuge aus dem Münsterland beschrieb diese Sicht so:

Dao was aowwer vellicht auk no'n annern Gedanken drächter: Dat Plattdütschk wuor von vuel Lü äs groff un unfien anseihn. Well'n biettken fiener sien wull, de daih dat auk daomet wiesen, dat he hauchdütschk küerde.

Da war aber vielleicht auch noch ein anderer Gedanke dahinter: Das Plattdeutsche wurde von vielen Leuten als grob und unfein angesehen. Wer ein bisschen feiner sein wollte, der zeigte das auch damit, dass er Hochdeutsch sprach.

Dann kamen die Flüchtlinge und Vertriebenen aus dem Osten (siehe Kap. 11). Zu ihnen gehörte auch ein 1937 im schlesischen Glatz geborener Junge, dessen Familie es nach dem Krieg ins rheinische Zons verschlug. Den ripuarischen Dialekt seiner neuen Heimat erlernte er im Spiel mit seinen Freunden. Als er später eine Einheimische heiratete, wurde zuhause ebenfalls Platt gesprochen, auch mit dem eigenen Sohn. – Ein zweites Beispiel: 1936 war ein Dreijähriger zusammen mit seiner Familie ins münsterländische Emsdetten gezogen, geboren war er in Darmstadt. Im Elternhaus wurde Hochdeutsch gesprochen, aber während der Schulzeit schnappte er auch das ein oder andere Dialektwort von den Gleichaltrigen auf. Als er nach dem Krieg eine Maurerlehre begann, eignete er sich die Mundart dann endgültig an. Seine Arbeitskollegen auf dem Bau hatten zunächst versucht, ihn wegen seiner fehlenden Sprachkenntnisse auflaufen zu lassen. In einem Interview zu seiner Sprachbiographie erklärte der Zugezogene dazu: »Die machten sich da eine Freude draus. Da habe ich dann Platt gelernt und konnte es nachher besser als einige, die mit dem Platt aufgewachsen waren. Das war klar die Selbstverteidigung.«

Beide Sprachbiographien stehen, so könnte man sagen, in einer jahrtausendealten Tradition: Zumindest die Kinder der Zuziehenden (wenn nicht auch deren Eltern) erlernten den Dialekt ihres neuen Heimatortes und gaben ihn später an den eigenen Nachwuchs weiter. Ohne diese Form der Kontinuität hätte der Dialekt als Sprache des Ortes gar nicht funktionieren können.

In seinem Buch »Kalte Heimat« beschreibt Andreas Kossert diese Sprachsituation aus der Sicht Vertriebener, deren Kinder beginnen, sich den neuen Dialekt anzueignen; sein Beispiel stammt aus Schwaben:

> »So musste ein Vertriebenenkind in der Schule Schwäbisch, zu Hause aber Schlesisch sprechen. Es war für Eltern kränkend, das eigene Kind in der ungeliebten fremden Mundart reden zu hören. Aber natürlich sollte das Kind sich in der Umgebung durchsetzen und Anerkennung finden. Viele dieser Kinder scheinen sich in intellektuelle Hochleistung geflüchtet zu haben.«

Platt konnte von Einheimischen eingesetzt werden, ob nun absichtlich oder eher unbewusst, um die »Neuen«, die »Anderen«, auszugrenzen, wie sich Zeitzeugen bei Befragungen etwa im münsterländischen Nottuln erinnerten. Als in einer Karnevalssession nach dem Krieg ein Schlager mit den Zeilen »Am dreißigsten Mai ist der Weltuntergang – wir leben nicht mehr lang« hoch im Kurs stand, wurde er im Rheinland abgewandelt: »Am dreißigsten Mai geht ein Flüchtlingstransport – wir lachen uns kaputt, dann sin se wieder fott!« Noch arger war die Fassung: »… ach wären se schon fott, sonst schlon mer se kapott!« Noch anderthalb Jahrzehnte nach Kriegsende forderte der damalige Arbeits- und Sozialminister Nordrhein-Westfalens die Karnevalisten im Lande auf, in ihren Büttenreden das »Unglück der Vertriebenen und Flüchtlinge« nicht zum Gegenstand zu machen.

Festzuhalten ist, dass in den 50er und 60er Jahren des letzten Jahrhunderts keine sprachwissenschaftlichen Erkundungen zum Dialekt als Zweit- oder Drittsprache in NRW unternommen worden sind. Man weiß fast nichts darüber, wie viele Flüchtlingskinder sich das Platt angeeignet und bis zu welcher »Perfektion« sie es darin gebracht haben. Zu den bekannten Beispielen gehört ein früherer Leiter der »Akademie för uns kölsche Sproch«, der aus Halberstadt stammt und 1955 im Alter von acht Jahren nach Köln gekommen ist. Wie der Maurerlehrling aus Emsdetten hat er so manche Altersgenossen mit einheimischen Wurzeln im Dialekt überflügelt.

15 Wer spricht Platt(deutsch)?

Nach dem Zweiten Weltkrieg ging die Dialektkompetenz in NRW immer weiter zurück, u. a. deshalb, weil einheimische Eltern, auch wenn sie selbst des Dialekts mächtig waren und untereinander vielleicht auch Platt(deutsch) sprachen, diese Sprachform nicht mehr an ihre Kinder weitergaben. Die Kontinuität riss ab, in der einen Familie vielleicht etwas früher, in der anderen etwas später. Dieser folgenreiche Prozess ist für keine andere Region Nordrhein-Westfalens besser dokumentiert als für den Kreis Borken.

Hier wurden 2001 die Eltern schulpflichtiger Kinder zu Sprachkenntnis und Sprachverwendung befragt. Da in den Jahren 1981 und 1964 vergleichbare Erhebungen durchgeführt worden waren und für 1936 ebenfalls Untersuchungsergebnisse vorliegen, konnte der »Dialektschwund im Westmünsterland« (so der Titel des 2007 erschienenen Buches dazu) in seinem zeitlichen Verlauf detailliert zurückverfolgt werden.

In ausgewählten Grundschulen wurde 2001 ein Fragebogen an die Viertklässler verteilt, den sie an Vater und Mutter (mit je eigenem Bogen) weitergeben sollten. Da das Verhältnis von Dialekt und Hochdeutsch im Mittelpunkt stand, war der Bogen nicht für ausländische (also wohl dialektlose) Eltern bestimmt. Insgesamt 1444 (von 1983) Bögen wurden ausgefüllt und zurückgegeben; damit lag der Rücklauf bei etwa 73 Prozent.

Auch wenn die Sprache der Eltern im Vordergrund stand, wurden doch auch viele Informationen über ihre Kinder gesammelt. Wie sprechen Kinder untereinander, lautete eine der Fragen. In 0,1 Prozent der Fälle meldeten Eltern, dass die Kinder untereinander »nur Platt« sprechen, und auf 0,6 Prozent der Bögen wurde »überwiegend Platt« angekreuzt. Dagegen meinten 91,4 Prozent der Väter und Mütter, dass die Kinder im Gespräch mit Gleichaltrigen »nur Hochdeutsch« verwenden; sonst war, wenn die Antwort nicht fehlte, »überwiegend Hochdeutsch« genannt worden. Zwei Jahrzehnte zuvor hatten, immer den Angaben der Elterngeneration folgend, noch 4,4 Prozent der Kinder »nur« oder »überwiegend« Platt miteinander gesprochen. Ein vergleichbarer Rückgang des Dialekts zeigt sich auch in den übrigen Sprachdomänen und Gesprächskonstellationen im Westmünsterland. Für die Zukunft des Dialekts (hier Niederdeutsch genannt) sehen die Buchautoren schwarz:

> »Diese Zahlen lassen wenig Hoffnung für das Fortbestehen des Niederdeutschen: Einerseits sind immer mehr Eltern nicht mehr in der Lage, den Kindern die plattdeutsche Varietät zu vermitteln, und andererseits besteht offensichtlich auch kein Bedürfnis mehr, der nächsten Generation den Dialekt beizubringen.«

Wenn die Kinder der Alteingesessenen kein Platt mehr sprechen, können es junge Leute mit Migrationshintergrund auch nicht mehr erlernen. Das gilt im Westmünsterland wie in den übrigen Regionen von NRW!

Wegen der großen Lücken im vorliegenden Material ist es schwierig, eine Stufung hinsichtlich des Dialektrückgangs in Nordrhein-Westfalen vorzunehmen. Relativ dialektstabil ist dem Anschein nach die Eifel, während das Ruhrgebiet und Teile von Ostwestfalen-Lippe wohl den entgegengesetzten Pol bilden. Der Anteil Dialekt sprechender Menschen dürfte dann im Sauerland und im Bergischen Land ein wenig ansteigen, im Münsterland und am Niederrhein wieder etwas höher liegen und in der Kölner Bucht noch einmal zunehmen – aber es sind eher Impressionen als zuverlässige Daten, auf die sich ein solches Bild der Dialektkompetenz im Lande stützen lässt.

Vielerorts ist die Zahl der Platt sprechenden EinwohnerInnen bereits stark zurückgegangen, so auch auf der »Böllinger Höhe«: in der Bauerschaft Bölling und ihrer Umgebung, einem ländlichen Gebiet, das heute zur Stadt Hagen gehört. In einer Dissertation aus dem Jahre 2013 wurden die Mundarten des Raumes Breckerfeld – Hagen – Iserlohn untersucht, wobei die Böllinger Höhe besondere Aufmerksamkeit erhielt. Dort hatten 1945 noch 60 Prozent oder mehr der Einwohner Plattdeutsch gesprochen; für 2006 war allerdings zu konstatieren:

> »Um die Lage des Plattdeutschen auf der ›Böllinger Höhe‹ von 2006 mit jener von 1945 zu vergleichen, habe ich die Einwohnerzahl der genannten Orte (181) in Relation zu der Anzahl der noch verbliebenen Mundartsprecher gesetzt. Es handelt sich um vier Personen: eine weibliche Person, geb. 1917 (Bäuerin) und drei männliche Personen, geb. 1919 (Handwerker und Kötter), 1936 (Fabrikarbeiter) und 1937 (selbständiger Handwerker), die 2,21 % der Gesamtbevölkerung

ausmachen. [...] Die rein ländliche Gegend hat sich trotz bodenständiger, konservativer, ortsloyaler Einstellung gegen die Mundart entschieden. In wenigen Jahren wird auch diese Region dialektfrei sein.«

Deutlich mehr dialektkompetente Einwohner und Einwohnerinnen sind derzeit in Bracht am Niederrhein zu finden, einer Ortschaft innerhalb der Gemeinde Brüggen. In Bracht leben etwa 7000 Menschen, die im Jahre 2014 aufgerufen wurden, einen Dialektfragebogen auszufüllen – soweit sie sich selbst zu den Dialektsprechern zählten. Ihre Aufgabe war es, vorgegebene Wörter, Formen oder Sätze in den Dialekt zu übertragen (siehe Kap. 13). Aus dem Rücklauf von 181 bearbeiteten Fragebögen lässt sich zwar nicht ableiten, wie groß der dialektkompetente Bevölkerungsanteil tatsächlich ist. Dass in diesem Ort im Kreis Viersen die Mundart aber viel vitaler ist als im Raum Hagen, ist nicht zu bezweifeln.

Die älteste Fragebogenbearbeiterin in Bracht war 1921 geboren, während die jüngste Teilnehmerin gerade einmal 29 Jahre alt war. Überproportional viele Gewährsleute gehörten den Geburtsjahrgängen 1936 und 1937 an, weil die TeilnehmerInnen eines in den Zeitraum der Dialekterhebung fallenden Klassentreffens fast vollzählig mitgemacht hatten. Lässt man diese 22 Personen umfassende Gruppe einmal beiseite, ergibt sich ein Durchschnittsalter der DialektsprecherInnen (insoweit sie sich beteiligt haben) von 66 bis 67 Jahren; deren Fragebögen verteilten sich wie folgt (auf einem Fragebogen fehlte die Angabe):

geb. 1920–1934   30
geb. 1935–1949   71 (+ 22 Klassentreffen)
geb. 1950–1964   42
geb. nach 1964   15

Drei Jahre zuvor (2011) ist in Bonn eine vergleichbare Frage-bogenaktion gelaufen, bei der mehr als 250 Bonner und Bon-nerinnen (und einige Menschen aus der nächsten Umgebung) einen Bogen ausgefüllt haben. Im Schnitt lag deren Lebensalter bei 71 Jahren:»Von den unter 50-Jährigen waren es gerade ein-mal zehn, die es wagten, den Fragebogen zu beantworten.«

Während man in Ortschaften wie Bölling also nur ältere oder alte Leute antrifft, die den Dialekt noch beherrschen, ist in Bracht auch heute noch mit jungen dialektkompetenten Erwachsenen zu rechnen. Ähnlich sieht es in Beggendorf im Raum Aachen aus. Hier wurden 2013 junge Leute interviewt, die aus dialekt-kompetenten Familien stammten. Tatsächlich zeigte sich, dass sie (vor allem im Umgang mit den Großeltern) passive Sprach-kenntnisse erworben hatten und in manchen Fällen sogar über aktive Dialektfertigkeiten verfügten. Aufschlussreich ist eine Be-gebenheit, die eine der jungen Frauen 2013 zu Protokoll gab: Auf der Straße war sie von Älteren auf Platt angesprochen worden – und für ihre Antwort hatte sie ebenfalls den Dialekt gewählt! Damit hatten die älteren Dorfbewohner überhaupt nicht ge-rechnet: Sie artikulierten ihr Erstaunen darüber, dass ein jun-ger Mensch in Beggendorf noch Platt beherrscht. Auch für sie selbst, so erläuterte die junge Gewährsfrau gegenüber der For-scherin, war es eine Begegnung der besonderen Art: In den letz-ten Jahren sei es das einzige Mal gewesen, dass sie Platt habe sprechen können!

Vor drei Jahrzehnten hat eine Studentin noch einmal einen Blick in die (beinahe) heile Welt des Dialektes werfen können. Für ihre Staatsarbeit untersuchte sie die Sprachsituation ihres Heimatortes Mutscheid, ein Eifeldorf, das in der Nähe von Bad Münstereifel liegt, also ganz im Süden Nordrhein-Westfalens. Als sie ihr Material im Dezember 1984 erhob, hatte das Dörfchen genau 93 EinwohnerInnen, davon sechs Kinder und Jugendliche unter 15 Jahren. Die übrigen Personen erhielten einen sehr detaillierten, mit den Begriffen Platt und Hochdeutsch operierenden Fragebogen, um darauf über ihre Sprachkompetenz, ihr Sprachverhalten und über ihre Einstellungen zur Sprache Auskunft zu geben. Da sich 75 der 87 betreffenden Mutscheider und Mutscheiderinnen beteiligten, kommt das Ergebnis in die Nähe einer Totalerhebung des Ortes; ähnliche Quoten sind für größere Dörfer (man denke an Bracht) oder gar für Städte (wie Bonn) natürlich nicht zu erreichen. Die Studentin stammte selbst aus Mutscheid, was die große Bereitschaft der Dorfbewohner zur Mitarbeit erklären dürfte.

In ihrer 1985 an der Universität Bonn eingereichten Staatsarbeit legte die Nachwuchsforscherin die Ergebnisse des Unternehmens vor: Von den Personen, die immer in Mutscheid gelebt haben, sprechen die allermeisten Platt – auch die jungen Leute. Ohne Dialektkompetenz sind oft NeubürgerInnen, die erst in den beiden Jahrzehnten zuvor zugezogen sind, oder Menschen, die bei ihrer Übersiedlung nach Mutscheid schon älter als 30 Jahre waren. Insgesamt geben zwei Drittel der Männer und Frauen sowie der Jugendlichen über 15 Jahre im Dorf an, Platt sprechen zu können. Dieses Resultat stützt den Eindruck, dass die Eifel den dialektstabilsten Teil von Nordrhein-Westfalen bildet (oder bildete).

In der Bundesrepublik Deutschland wurde 2008 eine repräsentative Umfrage zu Spracheinstellungen durchgeführt. 2000 Menschen beteiligten sich insgesamt, davon 259 in NRW. Eine der Fragen lautete: »Können Sie einen deutschen Dialekt oder Platt?« Nicht weniger als 44 Prozent der nordrhein-westfälischen Befragten antworteten hier mit Ja! Viele von ihnen dürften mit »Dialekt« allerdings eine Sprachform assoziiert haben, die der Umgangssprache oder dem »Regiolekt« (siehe Kap. 19 und 20) entspricht. Die Zahl der DialektsprecherInnen in NRW – der Menschen, die Platt(deutsch) beherrschen und sprechen – wird tatsächlich sehr weit unter diesem Umfragewert liegen!

16 »Dialektrenaissance«

Im Dezember 1982 führten Schüler und Schülerinnen einer
Grundschule in Viersen ein Krippenspiel im Dialekt auf, über
das die örtliche Tageszeitung ausführlich berichtete. Der Titel
des Beitrags lautete: »Die Hirten sprachen Platt«. Im Bericht
werden vier der mitwirkenden Kinder vorgestellt:

> »Michael, der in der ersten Besetzung eine ›tragende Rolle‹
> spielte, bestätigte dann auch im Gespräch, Platt werde nur
> bei Oma und Opa gesprochen, zuhause kaum. Claudia und
> Sandra dagegen, seine Partnerinnen, erzählten, ihre Eltern
> sprächen auch mit den Kindern Platt. Sogar beim gemeinsa-
> men Spiel, so die Mädchen, verständige man sich in Mund-
> art und habe deshalb auch nicht viel üben müssen. Verständ-
> nisschwierigkeiten bei ihren Mitschülern räumten die beiden
> munteren Schülerinnen schnell aus: ›Wir haben dann eben
> am Anfang alles übersetzt!‹ Und selbst eine türkische Mit-
> schülerin bestätigte am Schluß, Mundart sei schön.«

Die Initiative, auf die diese Aufführung zurückgeht, ist Teil eines Phänomens, das oftmals als »Dialektrenaissance« bezeichnet wird. Im Rückblick auf die 1980er und 1990er Jahre heißt
es dazu in Jürgen Machas Skizze zur Sprache Nordrhein-Westfalens:

> »Das westdeutsche Fernsehen etwa mit einem temporären
> lokalsprachlichen Wetterbericht, die mit Dialekt operieren-
> de Werbung im Rundfunk, generell die ›Destandardisierung‹
> der Moderation in manchen lokalen Rundfunkprogrammen,
> das Auftauchen von dialektgeprägter Sprache in Songtexten:
> Das waren massenmediale Phänomene, die in den ›sprach-
> strengen‹ 1960er Jahren kaum denkbar erschienen. Zu er-

wähnen sind auch die Aktivitäten städtischer und privater Initiativen, denen es ein gesellschaftliches Anliegen war und ist, etwa mit Vorlesewettbewerben für Schüler, Autorenlesungen, Sprachkursen an Volkshochschulen u. Ä. die Sache der Mundart (wieder) voranzubringen.«

In demselben Jahr, in dem die kleinen Hirten und Hirtinnen in Viersen auftraten, fand in Münster die Endausscheidung im zweiten Mundartvorlesewettbewerb für Schüler und Schülerinnen aus Westfalen-Lippe statt. Tausend Zuschauer kamen damals, um die Finalisten zu beklatschen, die sich zuvor unter insgesamt 20 000 Teilnehmern qualifiziert hatten. Der Bericht einer Münsteraner Tageszeitung begann mit den Worten:

»›En propper Platt is just so fien äs Hauchdütsk, Englisk un Latin‹, warf sich Landesdirektor Herbert Neseker in feinster westfälischer Mundart in die Brust. Und er hatte allen Grund, das ›kalte‹ Hochdeutsch zugunsten des warmherzigen Niederdeutschen zumindest vorübergehend in seiner Begrüßung beiseite zu legen. Schließlich galt es gestern nachmittag in Münsters Halle Münsterland, die besten Kinder und Jugendlichen beim ›2. Plattdeutschen Lesewettbewerb in Westfalen-Lippe‹ zu ermitteln.«

Ein proppres Platt sei genau so fein wie Hochdeutsch, Englisch und Latein – ein hübscher Reim, dessen Stimmigkeit vermutlich jeder Besucher 1982 bestätigt hätte. Im Alltag, in der Sprachrealität des Wohnzimmers oder des Kinderspielplatzes, dachten die Menschen in Westfalen wie im Rheinland allerdings meist ganz anders über die Vorzüge und Nachteile des Dialekts. In der zitierten Skizze zur Regionalsprachlichkeit in NRW wird dieser Widerspruch erläutert:

»Für das nördliche Rheinland und Westfalen ergibt sich nach Lage der Dinge eher ein weniger euphorischer Befund: Die partielle und zeitweilige Wiederentdeckung der Mundart hat zwar zu deren kultursymbolischer Wertsteigerung in nicht unbeträchtlichem Maße beigetragen, aber eine nachhaltige Kraftübertragung von dieser Aufwertung auf die Stellung und Relevanz der Dialekte in der alltäglichen Kommunikation ist indes nicht erfolgt, so dass evident ist: Es gibt keinen Weg zurück.«

Wenn von »Dialektrenaissance« (manchmal auch von »Mundartwelle«) die Rede ist, kann gar nicht oft genug die Kluft zwischen den beiden Sprachsphären betont werden: zwischen dem Dialekt »in der alltäglichen Kommunikation« auf der einen Seite und der Sprachwelt der Dialektrenaissance auf der anderen. Die »Wiedergeburt« des Dialekts hebt sich durch zwei Merkmale von der alltagssprachlichen Ebene ab. Erstens fand oder findet sie an anderer Stelle statt: im Buch, auf der Bühne, vor dem Mikrofon. Sie ist im Kern ein Phänomen des kulturellen »Überbaus«. Man könnte von der »Kulturmundart« im Gegensatz zum »Alltagsplatt« sprechen. Zweitens zielen die einschlägigen Veranstaltungen häufig auf den Nichtdialektsprecher: Das ist der Fall, wenn Kinder im Krippenspiel Platt sprechen und sich um den Sieg im Vorlesen bewerben oder wenn Nachwuchskarnevalisten Büttenreden im Dialekt vortragen, die sie selbst nicht hätten verfassen können.

Seitdem Deutschland die »Europäische Charta der Regional- oder Minderheitensprachen« unterzeichnet hat, ist das »Niederdeutsche« als Regionalsprache geschützt. Später wurden auch in Düsseldorf die Erklärungen der Charta, die in deren Teil II zu finden sind, für NRW übernommen – für denjenigen Teil des Landes, der oberhalb der Benrather Linie (siehe Kap. 2) liegt! Die nördlichen Landesdialekte genießen damit einen besonderen Schutz. Im »Bundesraat för Nedderdütsch«, angesiedelt in Bremen, sind zwei Sitze für Vertreter und Vertreterinnen aus NRW reserviert. Wendet man die vorgestellte Trennung von »kultursymbolischen« und alltagssprachlichen Phänomenen an, dürften sich die Charta-Aktivitäten aber eher in der erstgenannten Sphäre manifestieren.

Das Viersener Krippenspiel des Jahres 1982 bildete den Auftakt zu einer langen Reihe von Dialektveranstaltungen in der niederrheinischen Kreisstadt. Im Jahre 2014 fand hier der 30. Vorlesewettbewerb im Dialekt statt, organisiert vom Arbeitskreis Mundart des »Vereins für Heimatpflege«. In der Zeitung wurde ein zehnjähriger Teilnehmer, er heißt Felix, mit den Worten zitiert: »Ich habe im vergangenen Jahr schon mitgemacht und bin Vierter geworden. Platt sprechen macht richtig Spaß und ich finde, ich bin auch schon besser geworden.« Dass Felix Eltern hat, die selbst schon an einem solchen Wettbewerb teilgenommen haben, ist sehr gut möglich; unwahrscheinlich erscheint dagegen, dass sie im Alltag noch Dialekt sprechen, wie es bei Clara und Sandra 32 Jahre zuvor noch der Fall war.

17 Gründe und Hintergründe des Sprachwandels

In den Jahren 2007 bzw. 2008 erschienen zwei Bücher zum Dialektrückgang in Nordrhein-Westfalen: In dem einen wurde die Entwicklung im Westmünsterland beschrieben, das andere thematisierte den Wandel im Rheinland. Plattdeutsch (»Niederdeutsch«) habe im Kreis Borken eigentlich kaum noch eine Perspektive, ist dort zu lesen: »Diese Zahlen lassen wenig Hoffnung für das Fortbestehen des Niederdeutschen: Einerseits sind immer mehr Eltern nicht mehr in der Lage, den Kindern die plattdeutsche Varietät zu vermitteln, und andererseits besteht

offensichtlich auch kein Bedürfnis mehr, der nächsten Generation den Dialekt beizubringen« (so bereits zitiert im Kap. 15).
Die Prognose für das Rheinland lautet ganz ähnlich: Welche Gründe und Hintergründe lassen sich für den Abbruch der dialektalen Sprachkontinuität nennen?

Wo auch immer man die zentralen Weichenstellungen erkennen will – die Entwicklung weg vom Dialekt zeichnet sich bereits in der Zeit vor 1945 klar und deutlich ab. Die »Abwahl« des Dialekts durch seine Sprecher, wie sie in nordrheinwestfälischer Zeit immer weiter zugenommen hat, hatte lange zuvor schon begonnen (siehe Kap. 9 und 11). Innerhalb dieser Entwicklung lassen sich verschiedene Stränge unterscheiden:

– die Stigmatisierung der Dialektsprecher als dumm und ungebildet
– die negativen Schulerfahrungen Dialekt sprechender Menschen
– der Abriss der familiären Sprachkontinuität
– die große Zahl von Flüchtlingen und Vertriebenen nach dem Zweiten Weltkrieg
sowie
– der Einfluss der modernen Medien.

Der Siegeszug des Radios begann in den 1920er Jahren, die Zeit des Fernsehens als Massenmedium setzte etwa vier Jahrzehnte später ein. Was beide ins Haus brachten: Sendungen in hochdeutscher Sprache (von Ausnahmen und Randprogrammen abgesehen). Wer größtmögliche Hörer- und Zuschauerzahlen erreichen will, wird den Dialekt – gerade in Gebieten, in denen er sich kleinräumig unterscheidet – gern »ausblenden«. Das folgende Zitat dazu stammt aus dem Jahre 1932. Hier äußert sich ein Pressesprecher des Rundfunks, selbst übrigens in Paderborn beheimatet, zu dem Wunsch westfälischer Autoren nach Hörspielen im Dialekt:

>»Der Rundfunk, der Erdteile miteinander verbindet, muß das große Tagestheater werden, auf dem man klar und wahrhaftig und ohne Erbarmen die großen Weltfragen irgendwie behandelt. [...] Wie die Schaubühne zu Beginn dieses Jahrhunderts gesellschaftskritisch in den Gang der Dinge eingriff, so muß die Sendebühne kritisch eingreifen in die Menschheitsgeschichte. Sie muß wachrütteln und erschüttern, sie muß der gesamten Menschheit dienen, denn dafür hat sie diese unermeßliche Reichweite! Dieses Ziel erreicht man aber nicht mit dem westfälischen, hessischen oder ostpreußischen Hörspiel.«

Nach dem Zweiten Weltkrieg räumt der WDR dem Dialekt einige Nischen in seinen Programmen ein; es entstehen die »Rheinische Redaktion« und die »Westfälische Redaktion«, die u. a. Hörspiele und dokumentarische Features produzieren. Seit Jahren gehen die Sendeminuten für den Dialekt im Radio- wie im Fernsehprogramm des nordrhein-westfälischen Senders allerdings rapide zurück. Von Anfang an war Hochdeutsch Trumpf in Funk und Fernsehen, nun verflüchtigt sich der Dialekt zusehends (siehe Kap. 23).

Was die Sprachsituation in NRW grundlegend von den Verhältnissen in Bayern oder Baden-Württemberg unterscheidet, ist das Fehlen eines »Honoratioren-Platts«. Der Begriff »Honoratiorenschwäbisch« wurde vor einigen Jahrzehnten geprägt, um eine Sprachform zu markieren, die einerseits der dialektalen Sprachwelt angehört und sich so vom Hochdeutschen unterscheiden lässt, die sich aber andererseits für die örtlichen Eliten (die »Honoratioren«) als Abgrenzung vom einfachen Volk eignet – eine sprachliche Mehrzweckwaffe sozusagen. Sie

121

erlaubt der Elite, Dialekt zu sprechen. Die süddeutschen Mundarten sind mit dem Hochdeutschen (mit der Standardsprache) eng verwandt, was zur Folge hat, dass sich zwischen urigem Dialekt und reinem Hochdeutsch (oft mehrere) Zwischenformen bilden lassen – die aber immer noch als Dialekt gelten können.

Das Platt zwischen Rhein und Weser lässt eine solche Skalierung aus sprachstrukturellen Gründen nicht zu; einen »mittleren« Dialekt gibt es hier nicht (siehe Kap. 20). In Westfalen wie im Rheinland waren es tendenziell die Honoratioren (die Familien der Wohlhabenden und besser Gebildeten), die als Erste den Dialekt aufgegeben haben. Dieselben Familien zeichneten sich auch in anderer Hinsicht aus: Sie waren in der Lage, Zeitungen zu abonnieren und das Theater zu besuchen, einen Plattenspieler anzuschaffen, ein Badezimmer einzurichten oder sich nach der neuesten Mode zu kleiden – was »modern« war, ließ sich bei ihnen bewundern. Das zeitgleiche Verschwinden des Dialekts aus ihren Häusern mag aus der Sicht der übrigen Bevölkerung wie eine weitere Entscheidung gegen die »Vormoderne« ausgesehen haben: Der Dialekt konnte so als Relikt aus alter Zeit erscheinen.

Im Juli 2013 war in einer großen deutschen Tageszeitung die Todesanzeige für Ludwig Averkamp zu finden, in seiner aktiven Zeit Erzbischof von Hamburg. Darin hieß es:

»Geboren am 16. Februar 1927 in Velen, Kreis Borken, wuchs er in Westfalen auf dem elterlichen Bauernhof im Kreis der großen Familie heran. Seiner Heimat und seinen Verwandten blieb er ein Leben lang sehr verbunden. Mit seiner Schwester Josepha, die ihm in großer Treue bis kurz vor ihrem Tod im Jahre 2012 den Haushalt geführt hat, hat er stets die heimatliche plattdeutsche Sprache gepflegt.«

Wie klein die Zahl der Menschen im Kreis Borken gegenwärtig ist, die den Dialekt noch beherrschen, weiß man recht genau (siehe Kap. 15). Vor diesem Hintergrund ist die in der Todesanzeige enthaltene Würdigung des Dialektsprechens einzuordnen: Ob jemand heute noch des Plattdeutschen mächtig ist, hat weniger mit seiner sozialen Position als mit seinem Lebensalter zu tun.

18 Kölsch

In einer Allensbach-Umfrage zur Beliebtheit deutscher Dialekte gaben 2008 nicht weniger als 19 Prozent an, sie hörten »Rheinländisch« besonders gern; der Begriff Rheinländisch war wie alle anderen vorgegeben worden. Damit rangierte der Dialekt des Rheinlands in der Gunst der deutschlandweit Befragten weit vor »Westfälisch« (7 Prozent), während »Bayerisch« mit 35 Prozent ganz vorn lag und »Pommerisch« (2 Prozent) den letzten Platz belegte. Die Demoskopen schlossen eine weitere Frage an: »Welche Dialekte hören Sie gar nicht gerne, welche mögen Sie überhaupt nicht?« Die Ergebnisse für die beiden in Nordrhein-Westfalen angesiedelten Dialekte lagen jetzt bei 6 (Rheinländisch) bzw. 2 Prozent (Westfälisch).

Aus diesen Zahlen lässt sich folgern, dass das »Rheinländische« im Bewusstsein oder im Sprachwissen der Deutschen eine gewisse Rolle spielt, das »Westfälische« (ähnlich wie das »Pommerische«) wohl kaum. Viele Befragte in Potsdam oder München werden auch noch nie in ihrem Leben ein Wort »Westfälisch« gehört haben, so dass dieser Dialekt weitgehend unbekannt ist und auf einer Wertungsskala sehr weit unten landen musste. Wie würden »Niederrheinisch« und »Siegerländisch« abschneiden, wenn sie ebenfalls bei einer solchen Bewertung berücksichtigt würden?

Recht viele Deutsche trauen sich ein Urteil über das »Rheinländische« zu – was in erster Linie Köln zu verdanken sein dürfte: Den Kölner Dialekt kennt man auch außerhalb des Rheinlands, man setzt ihn mit »Rheinländisch« gleich und hat eine Meinung dazu. Bei dieser Umfrage gab es vermutlich einen »Kölsch-Faktor«: Der Kölner Dialekt (Kölsch) ist heute der medial präsenteste Dialekt Nordrhein-Westfalens. Keine andere Stadt zwischen Rhein und Weser hat im Laufe der Jahrhunderte die regionale Sprachlandschaft so sehr geprägt wie die Metropole Köln. Ihre besondere Stellung »färbte« auf die Sprache »ab«, so dass sich sowohl auf der Ebene der Schriftlichkeit (im Mittelalter) als auch für die gesprochene Sprache eine Kölner Ausstrahlung beobachten lässt.

Als sich im 19. Jahrhundert die Mundart als Element des kulturellen Lebens zu entwickeln begann, war Köln vorneweg: Das Hänneschen-Theater wurde 1802 gegründet, das Millowitsch-Theater 1846, 1877 erschien Fritz Hönigs »Wörterbuch der Kölner Mundart«, die Gründung des »Heimatvereins Alt-Köln« (»Verein zur Pflege kölnischer Geschichte, Sprache und Eigenart«) folgte 1902. Auch im Kölner Karneval fasste der Dialekt im 19. Jahrhundert schnell Fuß. Ortsloyalität (die Liebe zur Heimatstadt) ließ sich in Köln gerade mit Hilfe der »kölschen Sproch« ausdrücken.

Kölsch war über Jahrhunderte ein besonders großer Dialekt. Er wurde von Zehntausenden, ja von Hunderttausenden gesprochen. Als Georg Wenker seinen Dialektfragebogen in der Mitte der 1880er Jahre verschickte, hatte Köln schon 150 000 Einwohner. Im Jahre 1888 wurden die ersten Nachbarorte eingemeindet, zu denen Nippes, Longerich und Deutz gehörten. Zur Jahrhundertwende (1900) betrug die Einwohnerzahl bereits mehr als 370 000! Wenn eine solche Metropole Dialekt spricht und sich in besonderer Weise zu diesem Dialekt bekennt, hat das Folgen.

124

Im 20. Jahrhundert war die Kölner Sonderstellung beim Dialekt unübersehbar und unüberhörbar – überall in Deutschland. Man denke an die Fernsehübertragungen mit Willy Millowitsch, an die TV-Präsenz des kölschen Karnevals oder an die für deutsche Verhältnisse ungewöhnliche Dichte an Rock-Bands, deren Sprache der Dialekt ist. Zu den hervorstechenden Gruppen gehören die Bläck Fööss und BAP. Eine Hamburger Tageszeitung brachte 2011 einen ganzseitigen Bericht (»Jeboore enn Kölle am Rhing«) über Wolfgang Niedecken, den Sänger von BAP, in dem zu lesen war:

> »Damit ist diesem inzwischen ergrauten Mann Unvergleichliches gelungen. Er platzierte ein vom Aussterben bedrohtes Kulturgut inmitten des musikalischen Mainstreams, etablierte den kölschen Dialekt seit inzwischen mehr als 35 Jahren in den gesamtdeutschen Hitparaden.«

Bis weit ins 20. Jahrhundert hinein gab es eine gewisse Balance zwischen Kulturmundart und Alltagsdialekt in Köln: Beide standen hoch im Kurs. Allerdings hat die Dialektkompetenz inzwischen auch in Köln stark abgenommen. In der Dokumentation »Alles Kölsch«, 1998 von der »Akademie för uns kölsche Sproch« publiziert, sind neben den Tonaufnahmen älterer Einwohner und Einwohnerinnen die Sprachproben von insgesamt zehn Dialekt sprechenden Kindern und Jugendlichen (unter 18 Jahren) zu hören. Die jüngsten von ihnen waren zum Zeitpunkt der Aufnahmen zehn Jahre alt und dürften damit den Geburtsjahrgängen 1986/87 angehört haben. Das folgende Beispiel stammt von einem damals 17-Jährigen aus der Kölner Altstadt, der hier von einem Michael-Jackson-Besuch in Köln erzählt:

Un dann simmer dann halt dahen jefahre, un da
kome m'r do aan. Stande unjefähr hundert bes hun-
dertfuffzesch Fans standen dann do, all Plakate
jemaht, han jesunge, vun däm e paar Leeder han se
imitiert, on erjendwann so em hallever zehn kom
dann sone Typ aan, meynt-e: »Hööt ens, Michael
[Meikel] war bereyts en Rudekersche es-e jewäse«,
un-e wööd jetz jede Moment wööt-e aankumme.
Un dann hammer dann op eymol nu-noch e paar
Lück jesinn, die do jeloufe sen. En da komen dann
och zwey Ware aan, Ford Galaxy wor dat, Ver-
dunklungsschieve all, un dann stunde m'r halt do,
hammer en de Ware jelurt, hammer-n jesinn [...].

Und dann sind wir dann halt dahin gefahren, und da
kamen wir an. Standen ungefähr hundert bis hundert-
fünfzig Fans standen dann da, alle Plakate gemacht,
haben gesungen, einige seiner Lieder haben sie imitiert,
und irgendwann so um halb zehn kam dann so ein
Typ an, meinte er: »Hört mal, Michael war bereits in
Rodenkirchen ist er gewesen«, und er würde jetzt jeden
Moment würde er ankommen. Und dann haben wir
dann auf einmal nur noch ein paar Leute gesehen, die
da gelaufen sind. Und dann kamen dann auch zwei
Wagen an, Ford Galaxy war das, Verdunklungsscheiben
überall, und dann standen wir halt da, haben wir in die
Wagen geguckt, haben wir ihn gesehen [...].

Als 2013 eine Kölner Grundschullehrerin in den Ruhestand ging,
die mit ihren SchülerInnen im Laufe der Jahre immer wieder
Musicals im Dialekt einstudiert hatte, wurde sie von einer Tageszeitung dazu interviewt. Eine der Fragen zielte darauf ab, ob
sich auch Kinder mit Migrationshintergrund trotz ihrer fehlen-

Zigge (und Varianten) »Zeiten«
nach Frings 1926/1966

Ibbenbüren
Rheine
Gronau
Minden
Bielefeld
Coesfeld   Münster
Gütersloh   Detmold
Bocholt
Kleve   Haltern
Wesel   Werne   Lippe   Paderborn
Hamm
Nieukerk   Bottrop   Dortmund   Soest   Warburg
Essen
Duisburg   Ruhr   Arnsberg
Krefeld
Mönchen-   Wuppertal
gladbach   Düsseldorf   Radevormwald
Remscheid   Lennestadt
Heinsberg   Leverkusen
Köln   Gummersbach
Aachen   Düren   Siegburg
Eupen   Bonn   Siegen
Schleiden   Euskirchen
Malmedy   Blankenheim
Winterspelt
Prüm

40 km

Zigge

Entwurf: Georg Cornelissen
Kartographie: LVR-Institut für Landeskunde und Regionalgeschichte, Bonn

den Dialektkenntnisse an den Musicals beteiligt hätten. Die
Antwort der Lehrerin lautete: »Jajo dat. Dat es för die jo jenau-
esu wie för die andere. Nämich en janz neue Sproch.« Nach
ihren Erfahrungen ist das Kölsch eines Musicals heute also
für junge Kölnerinnen und Kölner ›eine ganz neue Sprache‹!

»Die Leute verstehen kein Kölsch mehr ...« titelte eine in
Köln und Bonn erscheinende Tageszeitung im Oktober 2011.
Im Beitrag ging es um das Millowitsch-Theater, dessen Leiter
darin mit den Worten zitiert wird: »Viele Zuschauer können
über Witze auf Kölsch einfach nicht mehr lachen und sitzen

mit fragenden Augen im Publikum.« Das Theater werde keine Stücke auf Kölsch mehr bringen!

Der Bezeichnung »Kölsch« entspricht im Hochdeutschen »Kölnisch«. Allerdings setzt sich das Dialektwort auch in standardsprachlichen Zusammenhängen immer weiter durch. Es scheint zu einer Art Markenzeichen wie bei jenem für Köln typischen obergärigen Bier geworden zu sein, das als »Kölsch« verkauft wird; dagegen bleibt die Parfumbranche bei der Bezeichnung »Kölnisch Wasser«.

Das »Rheinländische« besteht aus einer Vielzahl von Dialekten – unter denen das Kölsche herausragt. Zu den markanten Formen im Kölner Dialekt gehören Lautvarianten wie *wick* und *wigger* oder *Zick* und *Zigge* ›weit, weiter, Zeit, Zeiten‹. Auf der Karte (siehe S. 127) wird das Verbreitungsgebiet von *Zigge* (einschließlich *Zigde*) dargestellt. Der Wandel von älterem *Zidde* zu heutigem *Zigge* (und von *Zitt* zu *Zick*), der sich vor Jahrhunderten vollzogen hat, ist also in Köln und darum herum zu finden; das Phänomen reicht nach Südwesten hin bis in die Eifel. Andere für Köln typische Dialektmerkmale haben sich dagegen viel weiter ausgebreitet. Dazu gehört der Lautwandel, der zu Formen wie *Ling* ›Leine‹, *Ping* ›Pein‹ oder *Sting* ›Stine/Christine‹ geführt hat; lautgeschichtlich liegt stets ein einfaches *n* zugrunde, wie es im Standarddeutschen vorkommt. Noch im niederrheinischen Nieukerk, einige Kilometer nordwestlich von Krefeld, sind die kölschen Varianten im Dialekt zu hören. Beide Phänomene gelten als Ergebnis der Kölner »Ausstrahlung«.

Die Wortkarte für die Bezeichnungen des Purzelbaums, auf einer rheinländischen Dialektbefragung des Jahres 2011 basierend, zeigt ein vollständig anderes Bild. Zwei Synonyme, *Tummeläut* und *Kuckeleboom*, treffen im Raum der heutigen Großstadt Köln (auf der Karte grau unterlegt) aufeinander; Kölsch zeichnet sich in diesem Punkt also durch das Nebeneinander der in der Nachbarschaft vorkommenden Bezeichnun-

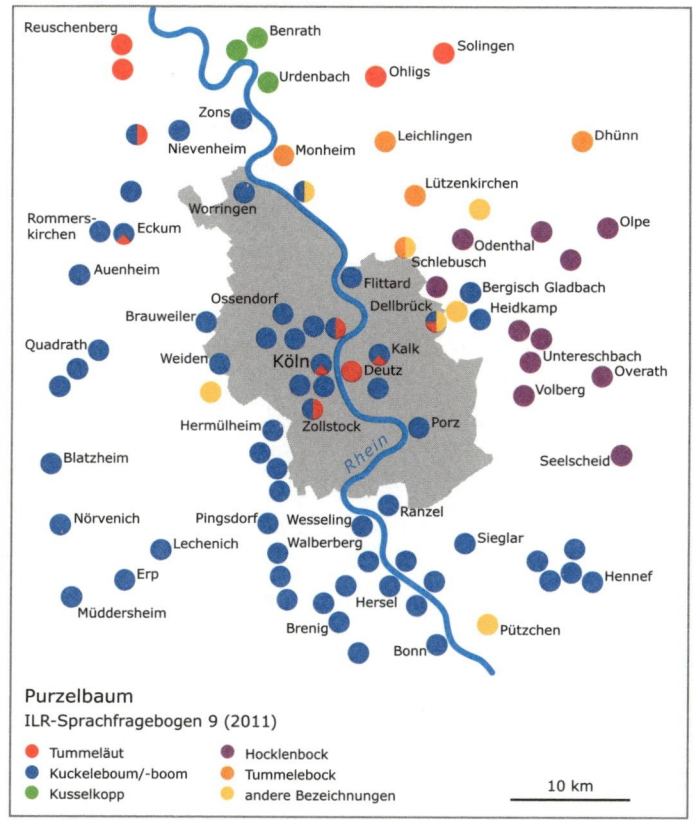

Purzelbaum
ILR-Sprachfragebogen 9 (2011)

- 🔴 Tummeläut
- 🔵 Kuckeleboum/-boom
- 🟢 Kusselkopp
- 🟣 Hocklenbock
- 🟠 Tummelebock
- 🟡 andere Bezeichnungen

10 km

gen aus. Der Dialekt Kölns ist hier von Varianz geprägt, in diesem Fall kann keine Rede sein von einer Kölner Ausstrahlung. Kennzeichnend für Köln ist allerdings, dass man hier nicht *Kuckeleboom* (mit einem *o* wie in den Orten der Umgebung), sondern *Kuckeleboum* sagt. Im Text des Michael-Jackson-Fans hatte es entsprechend *jeloufe* ›gelaufen‹ geheißen, während das Kölner Umland *jelofe* sagt. Dem im Rheinland weit verbreiteten *Boom* ›Baum‹ entspricht im Kölschen der *Boum*.

19 Ruhrdeutsch ...

Die folgenden Sätze und Teilsätze wurden in den 1930er Jahren mitstenographiert, als eine junge Forscherin für ihre Doktorarbeit Menschen in Gelsenkirchen interviewte. Damals erzählte ein Mann aus Buer von einem Ausflug ins Rheinland, die Doktorandin hielt fest:

> *wir sitzen da inne Ecke an son Tisch – der Jupp*
> *packt sofort seine Butters aus – ach du Deuwel –*
> *wir hatten en schon gesehen – der kam da morgens*
> *mit son richtigen Hebammenkoffer an – meint er –*
> *meine Stullen mit Arbeitslosenbelag und Jojo-*
> *wurst – unse Moder die hat auch ga:nix mehr für*
> *mich übrig – Jupp wat is denn dat sag ich – ach*
> *dat kennze nich – kennz denn Fannekuchen mit*
> *Dachfenster – nee sag ich dat kenn ich auch nich –*
> *Kerl wat is denn dat – sag doch eigentlich – ja*
> *sagt er – Arbeitslosenbelag dat is Margarine und*
> *Jojowurst – dat is Rübenkraut – und Fannekuchen*
> *mit Dachfenster dat sind Fannekuchen wo Speck*
> *drin is – Du kannz Dir ja vorstellen wat dat für*
> *Gelächter gab als der uns die Sachen da erklärte –*
> *wir haben uns da schimmelig gelacht*

Das waren, wie die Forscherin sie damals nannte, Sprachproben der regionalen »Umgangssprache«. Diese Sprachlage des rheinisch-westfälischen Bergbau- und Industriegebiets wird von den Fachleuten heute oft als »Ruhrgebietsdeutsch« oder auch als »Ruhrdeutsch« bezeichnet. Es ist kein Dialekt, kein Platt: Hätte der Bueraner Dialekt gesprochen, müsste man die zitierten Passagen wohl übersetzen, damit sie auch Menschen anderswo in NRW verstehen könnten. Ruhrdeutsch ist vielmehr eine sich ans Hochdeutsche anlehnende Sprachform, die auffällig von regionalen (ursprünglich dialektalen) Elementen geprägt wird und als Medium der mündlichen Kommunikation dient. Wenn der Mann aus Buer erzählt, wie Jupp im Ausflugslokal am Rhein seine *Butters* ausgepackt hat, benutzt er die aus dem alten Dialekt stammende Bezeichnung *Butter* ›Butterbrot‹ und verwendet dabei die dialektale Mehrzahlform auf *-s*: *Butters*. Auch seine übrigen Sätze sind gespickt mit regionalen Elementen: auf der Lautebene (beispielsweise *ga:nix, Fannekuchen*) wie in der Grammatik (*inne Ecke, an son Tisch, kennze*) und im Wortschatz (z. B. *ach du Deuwel, schimmelig gelacht*). Die dem Dialekt zu verdankenden Wörtchen *dat* und *wat* fehlen ebenfalls nicht.

In den Städten des Reviers diente (und dient) das Ruhrdeutsche als Ersatzdialekt: Es wurde in den Gesprächssituationen des Alltags verwendet, in denen man früher den Dialekt gebraucht hatte. Der Sprachumbruch im Ruhrgebiet lässt sich auf die letzten Jahrzehnte des 19. und die ersten Jahrzehnte des 20. Jahrhunderts datieren. Damals zog eine enorme Zahl von Arbeitskräften (samt Familien) zu, die einen fremden Dialekt oder eine andere Sprache mitbrachten. Die alten Dialekte zwischen Moers und Dortmund funktionierten nicht mehr bei der Maloche unter Tage oder am Hochofen, so dass sich Einheimische und Migranten auf eine Sprachform »einigten«, der das Hochdeutsche zugrunde lag, die aber stark von den Dialekten der Region geprägt und für den »normalen« Alltag tauglich war. Einen Namen dafür hatte man nicht. Heute nennen die Menschen an der Ruhr ihre Sprache mitunter »Pöttisch« oder einfach »Kohlenpott«.

Ruhrdeutsch gehört zu den »Regiolekten« Nordrhein-Westfalens. Es geht im Westen in den niederrheinischen Regiolekt über, im Norden, Osten und Süden in den westfälischen Regiolekt (siehe Kap. 20). Viele, wenn nicht die meisten der Merkmale, die in ruhrdeutschen Wörterbüchern oder Sprachführern verzeichnet sind, kommen auch in den Nachbarregionen vor. Der auf den ersten Blick einfache und klare Begriff »Ruhrdeutsch« ist eine analoge Bildung zu »Ruhrgebiet«. Man darf sich darunter jedoch keine quasi homogene, variantenarme Sprachform vorstellen. Sprachliche Varianten und Gegensätze sind allein deshalb schon zu erwarten, weil das Gebiet des »Kohlenpotts« zahlreiche niederrheinische (niederfränkische) und westfälische Dialekte umfasst (siehe Kap. 10).

Einige der alten, sprachgeographisch verteilten Dialektunterschiede lassen sich, wie beispielsweise eine Untersuchung zur Bergarbeitersprache aus dem Jahre 1998 gezeigt hat, im Ruhrdeutschen wiederfinden. Von einem der dazu befragten Kumpel stammt die folgende Aufnahme:

Un getz kommtie Panne Scheim am Tisch, Bratkatoffel. Da wa ja jetz nich sonne kleine Fanne wie se heute so, wo man en Ei ma braten tut odder so wat, ne. Da kam sonne große am Tisch, am Ofen, mit so, so zwei Griffe dran, wissen Se, ne. Getz komm, Bratkatoffel fertich. Oh, die waan nur fü uns Kinder. Da macht unse Memm [Mutter] immer so sechs Teile drin, nich, so, wissen Se, abgeteilt, woll.

Dieser Ruhrdeutschsprecher benutzt das typisch westfälische Wörtchen *woll*, das in Duisburg vielleicht durch *wa* ersetzt würde. Der Bergmann, der sich hier an die Bratkartoffeln seiner Kindheit erinnert, kommt aus Dorstfeld, einem Stadtteil Dortmunds.

Das in der Großstadt Essen gesprochene Ruhrdeutsch war Thema zweier Fragebogenuntersuchungen im Jahre 2009. An der einen Runde beteiligten sich 154 Essener und Essenerinnen, an der anderen sogar 465 Personen. Die Auswertung der Ergebnisse ließ eine große Bandbreite sprachlicher Varianten zutage treten. So war danach gefragt worden, wie die Essener einen Kaffee nennen, »der nur noch lauwarm oder zu schlapp ist«. Als Antworten fanden sich (in absteigender Frequenz): *Plörre* (mit *dürre Plörre, Plürre* und *Plör*), *Brühe* (darunter *braune Br, lauwarme Br, alte Br, laue Br*), *Muckefuck, Blümchenkaffee* (mit *Blümkenkaffee*), *Miege* (daneben *Mieje* und *alte Miege*), *Lorke* (sowie *Lorche, Lörke, Lurche, Lörre, Lürre*), *Spülwasser, Gesöff, Plempe, Prött* (mit *Prütt*), *Mucke, Bodenseekaffee/Bodensehkaffee* sowie elf weitere Bezeichnungen oder Umschreibungen. Die Sprachlage zwischen (altem) Dialekt und Hochdeutsch bietet ganz offensichtlich Raum für vielerlei Variation und Sprachspiel.

Zu den Arbeitsmigranten, die vor und nach 1900 im Ruhrgebiet heimisch wurden, gehörten auch solche, deren Muttersprache Polnisch oder Masurisch war. Deren Anteil an den Zuwanderern aus dem Osten war allerdings weitaus geringer, als manche Menschen heute annehmen. Wie alle anderen haben auch diese Zuwanderer und ihre Familienangehörigen ihre Sprache auf die Dauer der Umgebung angepasst. Sucht man in der heutigen Regionalsprache des Ruhrgebiets nach einschlägigen sprachlichen Entlehnungen, wird man mit *Mottek* ›Hammer‹ und vielleicht auch mit *Matka* ›Mutter‹ fündig. In Wortsammlungen werden auch *dobsche* ›gut, astrein‹, *pitschen* ›sich genüsslich betrinken‹, *Penunsen/Pinunsen* ›Geld‹ und einige andere Wörter aufgelistet; aber man wird wohl bezweifeln müssen, ob sie tatsächlich noch in der Alltagssprache verankert sind. Zu den Kennwörtern des Reviers gehört *malochen* ›(schwer) arbeiten‹; jemand, der gerade dabei ist, seine Brötchen zu verdienen, ist *auf Maloche*. Hierbei handelt es sich jedoch nicht um ein polnisches Lehnwort, sondern um eine Frucht des Sprachkontakts mit dem Jiddischen (siehe Kap. 21).

Ähnlich wie Kölsch in Köln (siehe Kap. 18) ist Ruhrdeutsch im Revier zu einem Teil des kollektiven Selbstbewusstseins geworden: Die Sprache steht für die Region. Deshalb greifen Kabarettisten und Comedians sie auf, deshalb taugt sie für Songtexte, deshalb lässt sie sich in Marketing und Werbung einsetzen.

Das alte Platt dagegen ist heute im Ruhrgebiet kaum noch zu hören (siehe Kap. 15). Ganz verklungen ist es allerdings noch nicht, sicherlich nicht in den eher ländlich geprägten Orten der Region. So erschien in einer Essener Tageszeitung im Juli 2014 ein Artikel unter der Überschrift »Willi ut Byfang kürt Plattdütsch«. Vorgestellt wird darin ein 88-jähriger, 1925 geborener Mann aus Essen-Byfang, der noch Dialekt spricht (kürt). Er wird mit den Worten zitiert: »Ek häw Platt gelehrt bi us te Huse, van Vader un Moder, vanne Nobers un de Lüh in't Dorp«. Er hat also zuhause von beiden Eltern Platt gelernt, ferner waren die Nachbarn und andere Leute im Ort (im »Dorf«) seine Sprachlehrer. Der Satz im (Byfänger) Dialekt enthält einige Parallelen zum Ruhrdeutsch Buerer Prägung: *Moder – Moder*, *vanne* (*Nobers*) *– inne* (*Ecke*), *Nober<u>s</u> – Butter<u>s</u>*. Je jünger die Menschen sind, desto seltener lassen sich heute allerdings Dialektreminiszenzen in der Alltagssprache des Ruhrgebiets finden (siehe Kap. 20).

20 ... und andere Regiolekte

Nicht nur im Ruhrgebiet: Überall in Nordrhein-Westfalen werden Regiolekte gesprochen. Dass auch dort, wo der Dialekt noch lebendig ist, neben dem Hochdeutschen eine dritte Sprachlage existiert und im Sprachbewusstsein der Bevölkerung verankert ist, konnte 1999 in Aachen gezeigt werden. Dort wurden Menschen auf der Straße verschiedene akustische Sprachproben

134

vorgespielt, die sie einzustufen hatten: Platt oder nicht Platt? Hochdeutsch oder nicht Hochdeutsch? Alle Aufnahmen stammten aus Aachen, sie waren sogar von derselben Person eingesprochen worden. Das Ergebnis war eindeutig: Die Sätze im Regiolekt wurden so gut wie nie mit dem Dialekt und mit dem Hochdeutschen »verwechselt«! In Aachen – wie vermutlich überall, wo der Dialekt noch im Gebrauch ist – existieren drei Sprachlagen mit dem Regiolekt im »mittleren Bereich«.

Wie derselbe Satz in Aachen klingen kann, zeigt das folgende Beispiel:

Das haabich nich gesaakt.	Hochdeutsch (gesprochen!)
Dat habbich nich jesacht.	Regiolekt
Dat hannech nett jesaat.	Dialekt

Die Bezeichnung »Regiolekt« ist erkennbar eine Analogiebildung zu »Dialekt«. Wenn Dialekt die spezifische Sprache eines Ortes ist oder war, bezieht sich Regiolekt auf die »Region«. Es gibt aber einen zweiten, noch schwerer wiegenden Unterschied zwischen Dialekt und Regiolekt. Der Dialekt ist eine uralte Sprachform mit eigenem Wortschatz, eigener Grammatik und eigener Phonetik. Aus nordrhein-westfälischer Sicht ist der Dialekt die ältere Sprache – er wurde zwischen Rhein und Weser lange vor dem Hochdeutschen gesprochen (siehe Kap. 1). Dagegen »lehnt« sich der Regiolekt ans Hochdeutsche an und ist von diesem, wie für den ripuarischen Sprachraum nachgewiesen werden konnte, nicht scharf abzugrenzen: Die Übergänge zwischen Hochdeutsch und Regiolekt sind fließend, während sich der Regiolekt mit Hilfe bestimmter Merkmale klar vom Dialekt absetzen lässt. Auf der anderen Seite sind die dialektalen Anklänge im Regiolekt unüberhörbar. Im Aachener Beispiel etwa fallen das alte Dialektwörtchen *dat* und das der

dat & wat »das & was«

Rheine · Minden
Gronau
Bielefeld
Coesfeld · Münster
Gütersloh · Detmold
Bocholt
Haltern
Kleve
Werne · Lippe · Paderborn
Hamm
Bochum · Dortmund · Soest
Essen · Ruhr
Duisburg · Arnsberg
Warburg
Mönchen-
gladbach · Düsseldorf
Lüdenscheid
Heinsberg
Gummersbach · Olpe · Hallenberg
Köln · Bad
Wenden · Berleburg
Siegen
Aachen · Düren · Bonn · Siegburg
Euskirchen

40 km

■ dat & wat

Entwurf: Georg Cornelissen
Kartographie: LVR-Institut für Landeskunde und Regionalgeschichte, Bonn

Mundart zu verdankende *j-* ins Auge: *Dat habbich nich je-sacht.* Innerhalb des regiolektalen Registers zeigen sich unterschiedlich starke Annäherungen ans Hochdeutsche, so dass man von einer »Regionalfärbung« und einem »tiefen« Regiolekt sprechen könnte.

Der Regiolekt lässt sich bis ins 19. Jahrhundert zurückverfolgen; er spielte, solange die große Mehrheit der Menschen noch Platt sprach, im Alltag jedoch nur eine geringe Rolle. In der Forschung wird allerdings darüber diskutiert, ob die regionalen Umgangssprachen des 19. Jahrhunderts nicht an sehr viel ältere Entwicklungen anknüpfen, so dass auch die frühe Neuzeit in den Blick zu nehmen wäre.

136

In fast allen Dialekten Nordrhein-Westfalens sind (oder waren) die Wörtchen *dat* und *wat* beheimatet. Ausnahmen bilden, wie die Karte zeigt, die kleine Dialektinsel am unteren Niederrhein und der Wittgensteiner Sprachraum im Südosten Nordrhein-Westfalens einschließlich des Ortes Hallenberg im Süden des Hochsauerlandkreises. Zur Abgrenzung der (rheinfränkischen) Dialekte in Wittgenstein von den (moselfränkischen) Dialekten des Siegerlandes nimmt man die *dat-das*-Linie. Mit *dat* und *wat* ist also in den allermeisten Orten in NRW zu rechnen.

Wer selbst Dialekt spricht, dessen Regiolekt kann stark dialektal gefärbt sein, wobei manche Phänomene anderen Menschen – gemessen an den Regeln des Hochdeutschen – als regelrechte »Sprachfehler« erscheinen werden. In Wittgenstein ist, wahrscheinlich vor allem bei älteren Menschen, mit folgenden Äußerungen im Regiolekt zu rechnen:

Er kam bei mich (zu mir). – *Komme nach mir* (zu
mir). – *Der ist stärker wie ihr alle* (als ihr alle). –
Das ist als gut (schon gut). – *Wie unser Vater heim-
kam* (Als). – *Der Lehrer lernt uns Lieder* (lehrt). –
Es ist viel warm (sehr warm).

Die ersten Wortsammlungen (Wörterbücher), die in NRW zum Regiolekt erschienen, beschäftigten sich mit dem Ruhrgebiet. Seit einiger Zeit folgen aber auch Dokumentationen zum regionalen Wortschatz anderer Regionen. Als vor einigen Jahren eine solche Sammlung für das Sauerland erschien, war im Vorwort zu lesen:

»Das vorliegende Nachschlagewerk ist ein Buch über die Alltagssprache des Sauerlandes; nicht über Hochdeutsch oder Schriftdeutsch, eine Hochsprache, die in Württemberg

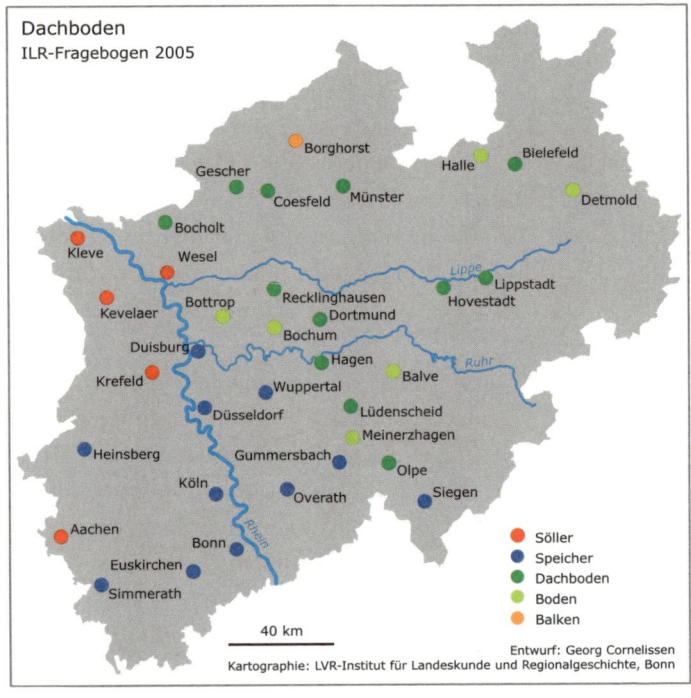

Entwurf: Georg Cornelissen
Kartographie: LVR-Institut für Landeskunde und Regionalgeschichte, Bonn

oder Sachsen ohne weiteres verstanden wird. […] Das Buch ist aber auch kein ›Lexikon des sauerländischen Platts‹! Leider wird dieses nur noch von einer Minderheit gesprochen und die jungen Leute verstehen es zumeist gar nicht mehr. Trotzdem hat das Plattdeutsche mit seinen derben Wörtern, Ausdrücken und mit den kräftigen Vokalen die Umgangssprache des Sauerlandes maßgeblich geprägt. […] Es ist die Sprache, die man zuhause, in Kneipen, auf Sportplätzen oder im Berufsleben täglich hört und spricht: bequem wie ein Paar ausgelatschter Pantoffeln, die nirgends drücken oder kneifen.«

Heessen gehört heute zu Hamm und liegt in der Zone, in der das Münsterland in das Ruhrgebiet übergeht. Aus einer Wortsammlung für den Regiolekt dieses Raumes stammen die folgenden, allesamt mit *P/p* beginnenden Wörter:

Päädsköddel ›Pferdeapfel‹, *Päcksken* ›Päckchen; Gruppe von Rechenaufgaben‹, *Pampe* ›ungenießbarer Brei‹, *Panhas* (ein bestimmtes Gericht), *Pannschaufel* ›breite Schaufel‹, *päsen* ›schnell laufen‹, *Pättken* ›schmaler Weg‹, *Piene* ›Schmerz‹, *Piepe* ›Tonpfeife‹, *Pilsken* ›Pils‹, *Pinnchen* ›Schnapsglas‹, *Pinnchen / Pinnken* ›Stöckchen‹, *Pittermesserken* ›kleines Messer zum Kartoffelschälen‹, *plästern* ›regnen; trinken‹, *Pläte* ›Glatze‹, *pöhlen* ›Fußball spielen (außerhalb des Vereins)‹, *Pöter* ›Po (bei Kindern)‹, *Pott* ›Topf; Toilette‹, *Pröhlken* ›Plausch‹, *Prütt* ›Kaffeesatz‹, *Püster* ›Gewehr; Pistole‹, *Pütt* ›Brunnen; Bergwerk‹.

Noch fehlen großräumige Wörterbücher und Sprachatlanten für NRW, mit deren Hilfe sich feststellen ließe, wo überall man diese Wörter kennt, mit welchen Lautvarianten in den verschiedenen Regiolekten zu rechnen ist und welche Synonyme anderswo an deren Stelle verwendet werden. Für die Westhälfte des Landes liegt mit »Kappes, Knies & Klüngel« allerdings ein umfangreiches Nachschlagewerk bereits vor.

Päcksken, Pättken, Pilsken, Pinnchen / Pinnken, Pittermesserken und *Pröhlken*: Verkleinerungsformen auf *-ken* begegnen in der Wortsammlung für Hamm-Heessen immer wieder. Sie sind in den Dialekten nördlich der Benrather Linie (siehe Kap. 2) zuhause und wurden in den Regiolekt übernommen. Im westlichen Teil des Bundeslandes markieren sie den Unterschied zwischen dem niederrheinischen Regiolekt im Norden und dem rheinischen im Süden: Niederrheinische Formen wären *Päcksken, Pilsken* oder *Pinneken*, aber auch *bissken, Bläsken* oder *Büxken* ›Höschen‹. Im Kölner Raum klingen sie bereits exotisch, während die Menschen im Münsterland sie aus ihrem Sprachalltag bestens kennen.

Der Regiolekt des Niederrheins weist in sich auch wieder geographisch verteilte Gegensätze auf: So nennt man den Dachboden im Raum zwischen Kleve und Krefeld vorzugsweise *Söller*, während südlich davon immer häufiger *Speicher* zu hören ist (siehe Karte S. 138). Im Falle von *Weckmann / Stutenkerl* zeigt sich eine West-Ost-Opposition: Östlich des Rheins dominiert *Stutenkerl*, eine Bezeichnung, die sich in Westfalen fortsetzt; sonst wird das zwischen St. Martin und Weihnachten zu kaufende Gebildbrot (mit oder ohne *Piep*) *Weckmann* genannt.

Wie die Regiolekte in den ersten Jahrzehnten nach dem Zweiten Weltkrieg geklungen haben mögen, lässt sich heute kaum noch rekonstruieren. Es liegen nur wenige Tonaufnahmen dazu vor, phonetische Analysen sind Mangelware. Damals, nach dem Krieg, sprachen die Menschen in Westfalen das *g* in ›Geld‹, ›gut‹ oder ›gebracht‹ oft noch wie im Dialekt aus: *Cheld, chut, chebracht*; heute ist dieses Lautphänomen noch in dem isolierten Abschiedsgruß *Chut chaon!* zu hören. In der Verteilung von ich- und ach-Laut ging man in Westfalen eigene Wege. Während man anderswo vielleicht *duich* ›durch‹ oder *Millich* ›Milch‹ artikulierte, tendierte man im westfälischen Regiolekt zu *dueCH* und *MilCH*: mit dem ach-Laut wie in *Bach*.

Wie der Dialekt ist der Regiolekt eine Alltagssprache und auf die mündliche Kommunikation beschränkt. Wer in NRW wann mit wem Regiolekt spricht (statt Dialekt oder Hochdeutsch), ist aber noch kaum erforscht.

Aus den 1980er Jahren datiert eine Untersuchung der damaligen Universität Duisburg (heute Duisburg-Essen), in der der (wechselnde) Sprachgebrauch von Jugendlichen in Industriezentren erforscht werden sollte. Dabei konnte beobachtet werden, dass die jungen Leute, die natürlich keine Dialektkompetenz besaßen, ihre Sprechstrategien den verschiedenen Situationen anzupassen wussten. In einem fiktiven Vorstellungsgespräch orientierten sich SchülerInnen aus Duisburg viel stärker an den Regeln des Hochdeutschen als in lockerer Runde (»unter sich«). Das ließ sich zum Beispiel an der Aussprache des *g* in Wörtern wie *reechnen* ›regnen‹ oder *gesacht* ›gesagt‹ festmachen, aber auch an der (vom Sprechenden gut zu steuernden) Verwendung von *dat* und *wat*. So erzählte ein Jugendlicher im Regiolekt von einer Reise nach Wangerooge:

Un auf Wangerooge hamwer en Spiel gemacht.
Da wa et am reechnen. Wiese, da fast, wa fast nur
Matsche, nä. Und die, die da wohnten in Wange-
rooge, die hatten natürlich alle Fußballschuhe an
mit so Stollen, nä. Und wir hatten nur Turnschuhe.
Sind gerutsch wie sons wat, hamwer verlorn.
Hamwer ja au nur gegen Große gespielt. Wir waan
ja so kleine dünne Männchen, äh. Dat waan so
Klötze.

Innerhalb Nordrhein-Westfalens gibt es – über die Signalwörter *dat* und *wat* hinaus – zahlreiche Gemeinsamkeiten auf der Ebene der Regiolekte. Schöne Beispiele liegen mit *Maloche* ›schwere Arbeit‹ und dem Verb *malochen* vor. Auf einer Karte im »Wortatlas der deutschen Umgangssprachen« bildet NRW das Verbreitungszentrum für *malochen*. Es ist danach in Bonn oder Siegen ebenso bekannt wie im Ruhrgebiet oder in Rheine und Minden. Jenseits der Landesgrenzen kommt es noch im Raum Emsland-Ostfriesland vor, daneben sind einige Streubelege anderswo in Deutschland zu erkennen. *Malochen* ist ein jiddisches Lehnwort. Anderswo in Deutschland benutzen die Menschen in ihrer Alltagssprache (in ihrem Regiolekt) Tätigkeitswörter wie *kläjen, rammeln, sich schinden* oder *werkeln*, wenn es um schweres Arbeiten geht. In NRW sind neben *malochen* auch *brasseln, sich abrackern, rackern* und *schuften* in dieser Bedeutung geläufig.

Die vier Bände des genannten Wortatlasses dienten als Grundlage für eine sprachwissenschaftliche Berechnung der Wortschatzähnlichkeit in der Umgangssprache (im Regiolekt). Im Ergebnis zeigten sich im Westen Deutschlands auffällige Übereinstimmungen innerhalb eines Gebiets (in der gegenüberliegenden Karte eingefärbt), das sich in großen Teilen mit der Fläche Nordrhein-Westfalens deckt. Wie diese Übereinstimmungen im regionalen Wortschatz entstanden sind und wie sich der Wortbestand seit 1946 entwickelt hat, muss im Einzelnen aber noch erforscht werden – hier ist ein Ansatz nötig, der die Perspektiven »Rheinisch« und »Westfälisch« zusammenführt!

Die Variation innerhalb der nordrhein-westfälischen Regiolekte wird heute stark vom Lebensalter der Menschen bestimmt, wie sich an den Ergebnissen einiger flächendeckenden Untersuchungen im Rheinland ablesen lässt. Auch vier Befragungen junger Leute, durchgeführt zwischen 2009 und 2013 in Bonn, Dinslaken, Essen bzw. Werne, stützen diesen Befund: Im Vergleich zwischen dem Dialekt, dem Regiolekt älterer Leute und dem Regiolekt von Jugendlichen ist der fortschreitende Rückgang alter Dialektwörter klar zu beobachten.

Werne liegt wie Hamm in der südmünsterländischen Übergangszone zum Ruhrgebiet. Im Jahre 2013 wurden hier 79 junge Leute zu ihrem regionalen Wortschatz befragt, wobei zwischen aktiver Kompetenz (Wörter, die die Jugendlichen selbst benutzen) und passiver Kompetenz (Wörter, deren Bedeutung sie zwar kennen, die sie aber selbst nicht verwenden) unterschieden wurde. Hinsichtlich der Stabilität des regionalen Wortschatzes ließen sich drei Gruppen von Bezeichnungen ausmachen, hier einige Beispiele:

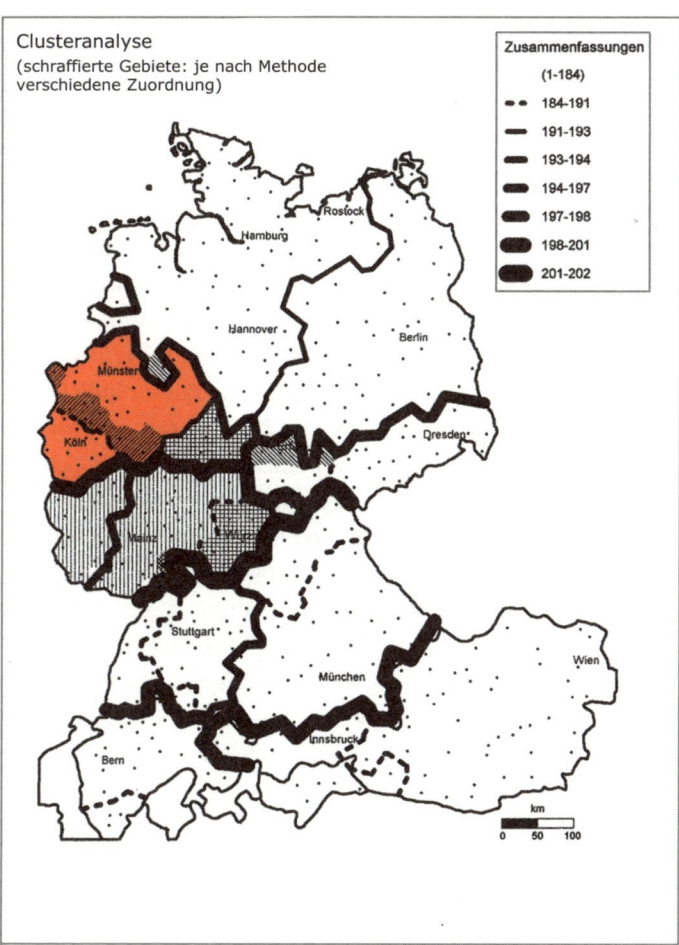

Clusteranalyse
(schraffierte Gebiete: je nach Methode
verschiedene Zuordnung)

Zusammenfassungen
(1-184)
- - 184-191
— 191-193
— 193-194
— 194-197
— 197-198
— 198-201
— 201-202

aus Möller (2003)

Ortspunkte: Belegte Orte im »Wortatlas der deutschen Umgangssprachen«

Schraffuren: Gebiete, die bei einer alternativen Methode der Clusterbildung
anders zuzuordnen wären

Trennstriche: Ihre Dicke richtet sich nach dem Grad abnehmender Ähnlichkeit im
analysierten Wortschatz.

Eingefärbter Raum (G.C.): Gebiet an Rhein und Ruhr mit einer hohen Anzahl
von Übereinstimmungen im berücksichtigten Wortschatz

A *döppen, knibbeln, Kusselkopp, Stutenkerl*
B *baseln, braken, Jaust, Knifte*
C *meimeln, schmöken, Piene, Pütt*

Zur Gruppe A gehören Wörter, die in Werne heute (fast) jeder kennt (97–100 Prozent) und nach eigenem Bekunden im Alltag auch benutzt (89–97 Prozent): *döppen* ›jemanden (beispielsweise im Schwimmbad) untertauchen‹, *knibbeln* ›etwas mit dem Fingernagel bearbeiten (z. B. den Schorf einer Wunde oder ein Flaschenetikett)‹, *Kusselkopp* ›Purzelbaum‹, *Stutenkerl* ›Gebildbrot in Form eines Mannes‹. Die Wörter der Gruppe B sind bereits deutlich weniger Jugendlichen bekannt (49–67 Prozent), die aktive Kompetenz liegt noch einmal darunter (19–41 Prozent): *baseln* ›kopflos oder ungeschickt gehen / handeln‹, *braken* ›(allzu) schnell / ungestüm gehen / laufen‹, *Jaust* ›Junge; Bengel‹, *Knifte* ›Butterbrot‹. Am Ende der Skala (Gruppe C) rangieren regionalsprachliche Bezeichnungen, die nur noch eine – manchmal schon verschwindend kleine – Minderheit verwendet (1–16 Prozent), wobei die Werte für die passive Kompetenz etwas höher liegen (9–29 Prozent): *meimeln* ›regnen (nieseln)‹, *schmöken* ›rauchen‹, *Piene* ›Schmerz‹, *Pütt* ›Bergwerk (Brunnen)‹.

Eine vergleichbare Untersuchung fand in demselben Jahr im niederrheinischen Dinslaken statt. Hier gaben 38 SchülerInnen eines Gymnasiums Auskunft, u. a. ging es wieder um die Verben *döppen* und *knibbeln* und um die Substantive *Kusselkopp* und *Stutenkerl*. Die Anzahl der Befragten, die die zutreffende Bedeutung nennen konnten, schwankte zwischen 36 und 38 (95–100 Prozent), für die aktive Kompetenz ergaben sich dieselben Werte. Dabei gaben zwei GymnasiastInnen zu Protokoll, dass sie nicht *Stutenkerl*, sondern *Weckmann* sagen. Regionale Bezeichnungen, die schon im Dialekt weit verbreitet waren, haben besonders gute Chancen, auch im Regiolekt verwendet zu werden; das trifft auf *döppen, knibbeln, Kusselkopp* und *Stutenkerl* (und auch auf *Weckmann*) zu. Der Wegfall nur kleinräumig bekannter Wörter hat dann zur Folge, dass die Landesteile sprachlich näher zusammenrücken.

Pütt ist ein aus dem Lateinischen stammendes Wort, das zunächst Brunnen bedeutet hat, dann aber auch das Bergwerk (die Zeche) bezeichnen konnte. Es gab Zeiten, da hätten die Menschen im Revier neben *Bütterken, Maloche* oder *Pittermesser* sicherlich »*Pütt*« als Antwort auf die Frage genannt, welche Wörter denn besonders typisch für die Region sind. Die jungen Leute heute kennen es oft nicht mehr, das hat sich – ähnlich wie in Werne – bei einer Befragung in Essen, also mitten im ehemaligen Revier, gezeigt: Von 30 jungen Leuten (ohne Migrationshintergrund) konnten nur zehn die richtige Bedeutung nennen! Einige verwechselten *Pütt* auch mit *Pott* ›Topf‹ oder *Prütt* ›Kaffeesatz‹. Mit dem Bezeichneten selbst (dem Bergwerk) verschwindet auch dessen Bezeichnung – Strukturwandel und Sprachwandel gehen Hand in Hand! Dass auch junge Migranten ein solches Wort kaum noch erlernen werden, ist naheliegend (siehe Kap. 22).

21 Sprachkontakt

Sprachkontakt und Mehrsprachigkeit sind oft die Folge von Migration – können aber auch einen ganz anderen Hintergrund haben. So waren die Niederrheiner, die bis ins 19. Jahrhundert hinein Niederländisch und Deutsch im Wechsel verwendeten, fest an ihre Heimatorte gebunden (siehe Kap. 7). Auch die Beherrschung von Dialekt und Hochdeutsch wird in der Forschung heute als eine Form der Mehrsprachigkeit (der Zweisprachigkeit) betrachtet: Das Nebeneinander beider Sprachen prägte über Jahrhunderte das Leben der Menschen zwischen Rhein und Weser, in vielen Orten auch 1946 noch. Für manche Sprecher und Sprecherinnen stellt sich die Frage, wann welche von beiden Sprachformen zu wählen ist, noch heute!

Sprachliche Reminiszenzen historischer Kontaktsituationen lassen sich in den Dialekten und Regiolekten des Landes bis in die Gegenwart in großer Zahl finden, hervorheben könnte man die Lehnwörter lateinischen, jiddischen und französischen Ursprungs. Aus dem Lateinischen stammt beispielsweise die Bezeichnung *Für* (bzw. *Fürn*) für den Iltis, die in den Dialekten des Rheinlands weit verbreitet ist (oder war); sie geht auf das lateinische *furio* zurück, was sich wieder von *furo* ›Dieb‹ herleitet. Ganz im Westen, im Selfkant, wird dieses Raubtier im Dialekt *Fis* genannt, ein anderes Wort, dessen Ursprung im Lateinischen zu suchen ist: *vis(s)io*. Selbst wenn die Niederrheiner den Dachboden im Hochdeutschen als *Söller* bezeichnen, lässt sich die Spur bis zu den hier in der Antike herrschenden Römern zurückverfolgen. *Söller* ist von dem lateinischen *solarium* herzuleiten, mit dem die Römer ein flaches Dach oder eine Terrasse bezeichneten; daraus wurde in den Dialekten *Solder/Sölder/Söller*, an das sich das hochdeutsche *Söller* dann anschließt.

Die französischen Lehnwörter in den Dialekten verdanken sich zumeist der besonderen Rolle, die die französische Kultur und die französische Sprache im Laufe der europäischen Geschichte immer wieder gespielt haben. Wörter wie *Portemenee* oder *Kupee* ›Coupé/Abteil‹ wurden zunächst von den besser Gebildeten gebraucht und fanden dann ihren Weg vom Hochdeutschen ins Plattdeutsche. Diese Französismen wurden in der Regel also nicht von Franzosen ins Land »gebracht«, wie man im Rheinland – etwa mit dem Hinweis auf die beiden Jahrzehnte der »Franzosenzeit« zwischen 1794 und 1814 – gern annimmt (siehe Kap. 8).

In den Regiolekten, gerade im Ruhrdeutschen, haben sich zahlreiche Entlehnungen aus dem Jiddischen gehalten, *Maloche* (siehe Kap. 20) ist schon genannt worden. *Bohei (Bahei), dufte, Kaschemme, Laumann, koscher, Schlamassel, stickum (stiekum), Tinnef* oder *Zoff* sind ebenfalls weit verbreitet. Manche dieser Wörter tauchen auch in Sammlungen sondersprachlicher (geheim- oder gaunersprachlicher, rotwelscher) Wortschätze wieder auf. Die früher in Münster und Umgebung gesprochene Sondersprache hieß Masematte. Deren Sprecher benutzten u. a. folgende Wörter: *Gasselbassel* ›Ehering‹, *jovel* ›schön, gut‹, *Jütermann* ›Zehnmark-Schein‹, *meimeln* ›regnen, nieseln, pinkeln‹, *schofel* ›schlecht, böse, übel‹, *schucken* ›bezahlen, kosten, geben, anreichen‹, *spachteln* ›essen‹, *sticken* ›treten, Fußball spielen‹ oder *stieke/stiekum* ›still, heimlich, leise‹. Seit dem Ende des Zweiten Weltkrieges wird Masematte allerdings nicht mehr gesprochen. Sondersprachen entstanden oft in Gruppen, die auf der Wanderschaft lebten (wie Hausierer, Wandermusikanten) und dabei die Jiddismen kennenlernten.

Eine völlig andere Form des Sprachkontakts ist für Gerresheim bei Düsseldorf überliefert. In der dort 1864 gegründeten Glashütte arbeiteten zwölf Jahre später etwa 250 Menschen, im Jahre 1901 wurden bereits mehr als 4800 Beschäftigte gezählt, darunter mehr als 2900 Glasbläser. Viele dieser Facharbeiter waren in den ostelbischen Provinzen angeworben worden. Sie lebten in einem eigenen Hüttenviertel und sprachen »Hötter Platt«.

Hötter Platt ist wohl als niederdeutsche Ausgleichsmundart einzustufen, entstanden um die Jahrhundertwende. Prägend waren vor allem die Dialekte der recht früh angeworbenen Glasmacher, die häufig Mittelpommersch und Mecklenburgisch-Vorpommersch sprachen; sie stammten oft aus der Uckermark und aus dem sich bis zur Odermündung anschließenden Gebiet. Die später Hinzugekommenen haben ihre Dialekte dann der

Hötter Ausgleichsmundart angepasst. In der folgenden Sprachprobe werden die Anfänge der Gerresheimer Glashütte im Hötter Platt beschrieben:

Jo, Fernand Heye hätt sine Glasmoker överall in Europa tosammsöken mötten, un wenn he wecke funn'n har, denn moßt he doför sorgen, datt se em nich werra lopen gohn sind. Glasmoker wärn nich sehr bestännich; se hämm ehre Arbeedsstell oft wechselt. Dowegen hät Heye sine Lütt nich bloß got bezohlt, sondern he is ock gleich bigohn un hät Wohnongen baut, wo se ömsöß drin läben kunn'n. Öm de ganze Glashött röm hät de Siedlongen anleggen loten, mit Schwienställ un Gortenland, domit de Lütt ut'm Osten in Gerresheim so wiederläben kunn'n, wie se't in ehre Heimot gewöhnt wärn.

Ja, Ferdinand Heye hat seine Glasmacher überall in Europa zusammensuchen müssen, und wenn er welche gefunden hatte, dann musste er dafür sorgen, dass sie ihm nicht wieder fortliefen. Glasmacher waren nicht sehr beständig; sie haben ihre Arbeitsstelle oft gewechselt. Deswegen hat Heye seine Leute nicht nur gut bezahlt, sondern er hat auch gleich Wohnungen gebaut, in denen sie umsonst leben konnten. Um die ganze Glashütte herum hat er Siedlungen anlegen lassen, mit Schweineställen und Gartenland, damit die Leute aus dem Osten so weiterleben konnten, wie sie es in ihrer Heimat gewöhnt waren.

Auch die Kinder und Enkelkinder der Gerresheimer Arbeitsmigranten eigneten sich das Hötter Platt an. Manche von ihnen sprachen auch zwei Dialekte, das Platt der Hütte und den Dialekt der niederrheinischen Umwelt. Mit Heribert Liedke trat sogar ein Mundartautor in Erscheinung, der Texte in beiden Dialekten verfasste.

Auf die Dauer blieben die Glasbläser und ihre Familien aber nicht unter sich, sondern integrierten sich, wie die Arbeiter im Ruhrgebiet, in ihre Umgebung – womit die Aufgabe des Hötter Platts einherging. Offensichtlich beherrschten es um 1945 nur noch ältere Beschäftigte der Glashütte; in den 1960er Jahren ging die Zahl der Menschen mit aktiver Kompetenz dann weiter stark zurück. Als zu Beginn der 1990er Jahre Sprecher und Sprecherinnen des Hötter Platts über Aufrufe in den örtlichen Medien gesucht wurden, war das Ergebnis gleich null. Über die vier Personen hinaus, die bereits bekannt waren, war niemand mehr zu finden; der jüngste Sprecher gehörte dem Jahrgang 1928 an. Das Hötter Platt, für einige Jahrzehnte eine niederdeutsche Sprachinsel am Rhein, ist heute praktisch verschwunden.

Die Polnisch oder Masurisch sprechenden Arbeitsmigranten im Ruhrgebiet (bzw. deren Kinder und Enkel) haben auf die Dauer ihre ursprünglichen Muttersprachen aufgegeben. Dass im Ruhrdeutschen heute nur vergleichsweise wenige Lehnwörter aus dem Slawischen begegnen, ist schon gesagt worden. Die Erklärung dafür lautet: »Angesichts der massiven Diskriminierung der Zuwanderer ist von vornherein gar nicht zu erwarten, dass dieser Einfluss [auf die Umgangssprache des Ruhrgebiets] einen größeren Umfang gehabt haben könnte. Man übernimmt nur dann etwas, wenn man den Eindruck hat, es bringe Prestige.«

22 Mobilität und Migration

Als nach dem Zweiten Weltkrieg die Flüchtlinge und Vertriebenen ins Land kamen, trafen sie auf Einheimische, die neben dem Hochdeutschen oft noch Platt sprachen. Wenn die Menschen aus dem Osten – oder doch ihre Kinder – den Dialekt des neuen Heimatortes übernahmen, entwickelte sich bei ihnen eine individuelle Dreisprachigkeit, die sich aus dem Hochdeutschen und zwei grundverschiedenen Dialekten zusammensetzte (siehe Kap. 14).

Was aus ihrem ersten Dialekt wurde, hing sehr davon ab, ob sie in der neuen Heimat Gesprächspartner hatten oder fanden. Eberhard Zwirner hat in den 1950er und 1960er Jahren Dialektaufnahmen in ganz Deutschland gemacht. Sein Aufnahmewagen kam 1962 bereits zum dritten Mal ins niederrheinische Breyell, nachdem dort in den Jahren 1957 und 1958 Sprachaufnahmen von Menschen gemacht worden waren, die hier zuhause waren und den südniederfränkischen Dialekt des Dorfes sprachen. Als das Aufnahmeteam 1962 erneut anreiste, ging es um Dialekte aus dem Osten. Aufgenommen wurden in Breyell damals drei aus verschiedenen Orten stammende Schlesierinnen: aus Schönau (im ehemaligen Kreis Leobschütz), aus Herrmannsdorf (seinerzeit Kreis Jauer) und aus Klix (im vormaligen Kreis Sagan-Sprottau). Die drei Frauen waren, als die Aufnahmesitzungen am Niederrhein stattfanden, zwischen 54 und 83 Jahre alt. Mit ihrem Ehepartner, mit ihren Kindern (falls sie welche hatten) oder im Plausch untereinander könnten sie Schlesisch gesprochen haben. Die Kinder der beiden jüngeren Frauen könnten 1962 durchaus bidialektal gewesen sein, also zwei Dialekte beherrscht haben. Über die weitere Geschichte der Flüchtlingsdialekte zwischen Rhein und Weser weiß man nur wenig.

In den 1950er Jahren begann die Zeit der »Gastarbeiter«. Die Bundesrepublik Deutschland und Italien schlossen 1955 ein

Anwerbeabkommen ab, ähnliche Vereinbarungen mit anderen europäischen Staaten folgten. Schon 1964 wurde der millionste Arbeitsmigrant begrüßt – in Köln-Deutz: Es war ein Portugiese, der zur Begrüßung ein Moped erhielt und einen Blumenstrauß dazu. Nach NRW mit seinen Industriegebieten an Rhein und Ruhr kamen besonders viele Arbeitssuchende. Um die Mitte der 1960er Jahre dominierten die Italiener unter den Gastarbeitern, ein Jahrzehnt später bereits die Türken.

»Gastarbeiterdeutsch« nannte man die gebrochene Sprache, die sich viele Arbeitsmigranten im Kontakt mit ihren deutschen Kollegen aneigneten. Kennzeichnend für diese Form des Deutschen war, neben den zahlreichen Elementen der Reduktion, der Akzent des Sprechenden (der bei einer schriftlichen Darstellung natürlich vollständig verlorengeht): In seinem Roman »Maria, ihm schmeckt's nicht« lässt Jan Weiler den als Gastarbeiter nach Krefeld gekommenen Antonio Marcipane etwa die Frage stellen:

»Habte ihr die Eizung anne?«

Wer damals in Nordrhein-Westfalen ähnlich wie diese Romanfigur sprach, gab durch seinen unüberhörbar italienischen Akzent zu erkennen, aus welchem Land er stammte. Das Verb *anhaben* kann in NRW ›in Betrieb haben‹ bedeuten; das Deutsch, das sich die Gastarbeiter während der Arbeitspausen aneigneten, war natürlich regional geprägt.

Seit der Mitte der 1960er Jahre boten Schulen in Nordrhein-Westfalen muttersprachlichen Unterricht an. Anfangs stand dabei im Vordergrund, dass den Kindern der Migrantenfamilien die spätere Rückkehr in das Heimatland (ihrer Eltern) erleichtert werden sollte: Sie sollten Italienisch, Türkisch usw. als Schrift- und Kultursprache beherrschen. Der Westdeutsche Rundfunk entwickelte eigene Radioprogramme für die

Hörer mit fremder Muttersprache, die schon 1961 auf Sendung gingen.

Heute nimmt das Thema »Sprache und Migration« einen ganz anderen Platz im gesellschaftlichen Diskurs ein als vor 50 Jahren. Die Arbeitsmigranten, von denen man einst angenommen hatte, sie seien als »Gastarbeiter« eine vorübergehende Erscheinung, sind geblieben; Menschen aus anderen Ländern sind hinzugekommen, so dass die EinwohnerInnen »mit Migrationshintergrund« inzwischen eine unübersehbare und unüberhörbare Gruppe in der Gesellschaft bilden. Der politische Diskurs über ihre Bildungschancen und ihre »Integration« in die Mehrheitsgesellschaft sowie über die Folgen von »Parallelgesellschaften« schließt die sprachliche Dimension notwendigerweise mit ein: Fragen der Sprachkenntnisse und Sprachfertigkeiten der Menschen mit Migrationshintergrund, der neuen Formen von Mehrsprachigkeit und der möglicherweise daraus resultierenden Veränderungen in der Sprache der Mehrheitsgesellschaft (siehe Kap. 25).

Auf die Arbeitsmigranten aus den Mittelmeerländern folgten seit den 1980er Jahren die Spätaussiedler aus der UdSSR und ihren Nachfolgestaaten, aber auch aus Polen. Deren »sprachliche Integration« war das Thema eines Forschungsprojekts des »Instituts für deutsche Sprache« in Mannheim. Migranten und Migrantinnen der ersten Generation, besonders Kinder und Enkelkinder, verfügten mitunter über gar keine Deutschkenntnisse. Wer von ihnen allerdings Deutsch sprach, musste hier vielleicht feststellen, dass der eigene Dialekt nicht gut zur Sprache des neuen Heimatortes passte. Das berichtete auch eine Deutsche aus Russland, die im Ural aufgewachsen war und dann nach Hamburg kam. Die meisten Spätaussiedler aus ihrem Heimatdorf ließen sich in Kamen nieder und werden hier in NRW ganz ähnliche Spracherfahrungen gemacht haben wie sie in Hamburg:

»Wir sprachen damals [in der UdSSR] anders als heute. Wir waren stehen geblieben in dieser Sprache, die unsere Eltern von ihren Eltern gelernt hatten. Das war etwas Bayerisch, Schwäbisch und zum Teil ganz etwas Eigenes. In Deutschland sagt man zum Beispiel: ›Ich gehe nach Hause.‹ Wir haben gesagt: ›I geh' hoam.‹ Und statt: ›Ich gehe zur Arbeit‹ sagten wir: ›I geh' schaffe.‹ Natürlich wussten wir damals nicht, dass dieses Deutsch veraltet war. Das habe ich dann erst nach meiner Ankunft hier bemerkt. Und plötzlich ist dadurch die eigenartige Situation entstanden, dass wir sowohl in Russland als auch in Deutschland durch unseren Akzent aufgefallen sind. Wenn wir hier unseren eigenen Dialekt sprechen und nicht hochdeutsch, dann spüren die Leute gleich, dass wir Aussiedler sind. Und dann gucken sie uns ganz anders an. So war das auch in Russland.«

An der Ruhruniversität Bochum fanden 2010, als das Revier europäische Kulturhauptstadt war, die »Tage der Sprachen im Ruhrgebiet« statt. Thematisiert wurde auf der einen Seite, wie Behörden und Religionsgemeinschaften mit der real existierenden Mehrsprachigkeit in der Region umgehen; im zweiten Teil ging es um individuelle Zweisprachigkeit, wobei junge Erwachsene aus Migrantenfamilien im Mittelpunkt standen. Bei ihnen zuhause wird Türkisch oder Russisch gesprochen, in anderen Fällen kommt Arabisch, Italienisch, Spanisch, Portugiesisch oder auch Niederländisch ins Spiel. Türkischstämmige RuhrgebietsbewohnerInnen (sie werden im Folgenden mit ihren Vornamen vorgestellt) schätzen ihre Sprachkenntnisse etwa so ein:

»Filiz glaubt im Wesentlichen, beide Sprachen auf einem ähnlich guten Niveau zu sprechen. Weil sie des Öfteren über die türkische Entsprechung einer deutschen Vokabel nachdenken müsse, betrachtet sie das Türkische als ihre momentan etwas schwächere Sprache. Fatih gibt an, dass er beide Sprachen auf ähnlich gutem Niveau spreche. Atılgan ist der Meinung, beide Sprachen gleich gut zu sprechen. Er beklagt sich aber über die fehlende Praxis im Türkischen. Bezüglich seines Ausdrucksvermögens in beiden Sprachen erzählt er, dass er zuerst im Türkischen besser gewesen sei und dass nach einem bestimmten Zeitpunkt die deutsche Sprache dominiert habe. Er bereut auch, dass er beide Sprachen ›nicht auf gleichem Niveau halten‹ konnte.«

Wenn in der Öffentlichkeit über die Problematik von Bildungsdefiziten bei Menschen mit Migrationshintergrund diskutiert wird, gerät schnell die so genannte »Kanak Sprak« in den Blick. Dieser Begriff verweist, wenn man einmal die kabarettistischen Übertreibungen ausblendet, auf einen Slang, der mit mangelnden Deutschkenntnissen assoziiert wird und damit an das gebrochene Deutsch früherer »Gastarbeiter«-Generationen erinnert. Wer »Kanak Sprak« spricht, kann oder will nicht anders – was die Gesellschaft so oder so nicht kaltlässt. »Kiezdeutsch« ist ein Begriff, um den die gegenwärtige Diskussion kreist (siehe Kap. 25).

Filiz und die anderen türkischstämmigen Ruhrgebietsbewohner, die im Rahmen des Bochumer Projekts interviewt wurden, zeichnen sich dagegen durch ihre standarddeutschen Fertigkeiten aus. Von den Bochumer ForscherInnen wurde auch eine junge Frau aus einer Aussiedlerfamilie befragt, die während des Interviews dem Russischen den Vorzug gegenüber dem Deutschen gibt, aber durchaus wechseln (switchen) kann. Eine russische, im Anschluss verschriftete Passage aus ihrer Befragung liest sich so:

Da, ja by skazala, čto ja govorju lučše [po-russki].
Potomu čto ja prosto jazyk čuvstvuju na drugom
urovne čem nemeckij. To est' tehničeski ja mogu
skazat', čto u menja netu problem na nemeckom
tože, no čisto ėmocional' no u menja drugoj
podchod k russkomu. Poėtomu ja čuvstvuju, čto
ja govorju lučše, chotja možet byt' ob"ektivno
ėto ne tak.

Ja, ich würde sagen, dass ich besser [Russisch] spreche.
Weil ich die Sprache einfach auf einem anderen Niveau
spüre als das Deutsche. Das heißt, technisch kann ich
sagen, dass ich auf Deutsch auch keine Probleme habe,
aber rein emotional habe ich zum Russischen einen
anderen Zugang. Weil ich fühle, dass ich es besser spreche, obwohl es vielleicht objektiv gar nicht so ist.

Mehrsprachigkeit ist inzwischen ein Phänomen, das überall in
Nordrhein-Westfalen, besonders aber in den Großstädten, den
Alltag prägt. Zurzeit läuft im Ruhrgebiet das Forschungsprojekt
»Metropolenzeichen: Visuelle Mehrsprachigkeit in der Metropole Ruhr«, getragen von den Universitäten Duisburg-Essen
und Bochum. Welche Sprache/n treten in Erscheinung, wenn
man zwischen Duisburg und Dortmund etwa Geschäftsauf-
schriften, Straßenschilder oder Informationstafeln analysiert?
Wie werden Akte der Identität oder der gesellschaftlichen An-
erkennung im Straßenbild sichtbar gemacht? Solchen Fragen
geht das Forschungsteam im Augenblick nach.
    Im Rheinland war vor einigen Jahren immer mal wieder fol-
gende Geschichte (in Variationen) zu hören: Deutsche machen
Urlaub in der Türkei, sie nehmen an einer Rundreise teil und
stoßen in einem Dorf in der tiefsten Provinz auf Türken, die
astrein Kölsch sprechen. Die Erklärung: Es seien ehemalige

Gastarbeiter gewesen, die in den Ford-Fabriken in Köln gearbeitet hätten! Wenn Migranten nicht die Gelegenheit haben, an Sprachkursen teilzunehmen, wenn sie also auf die Menschen in ihrer Umgebung als Sprachlehrer angewiesen sind, werden sie deren Dialekt erlernen, falls das die einzig angebotene Sprache ist. Vielleicht sind die Geschichten über Kölsch sprechende Gastarbeiter ja wahr. So eigneten sich damals im Saarland die Kinder der Gastarbeiter (die zweite Generation) den Dialekt an, wie beispielsweise in Saarbrücken-Dudweiler: Sie sprachen »einen hervorragenden Dudweiler Dialekt, einige wenige sogar ein passables Standarddeutsch«.

Kinder aus Familien mit Migrationshintergrund erlernen heute das Standarddeutsche (u. a. im Kindergarten und in der Schule), daneben auch regiolektale Register, wie sich in entsprechenden Studien in Bonn und Essen gezeigt hat. Die Daten aus der Ruhrgebietsstadt stammen aus dem Jahr 2009. Zum Wortschatz junger Leute mit Migrationshintergrund gehören dort beispielsweise die regionalen Bezeichnungen *Blagen* ›Kinder‹, *Huckel* ›Unebenheit‹, *knibbeln, Köpper* ›Kopfsprung‹ oder auch *Kusselkopp(-kopf)*. Sie verwenden die für die Region typischen Verschmelzungen wie *inne* ›in der / die‹ (*inne Schule sein / gehen*) oder *gehße* ›gehst du‹ (*gehße mit na Bredeney?*). Parallel dazu ist mit *anne* ›an der / die‹, *aufe* oder *beie* zu rechnen, ebenso mit *hasse* ›hast du‹, *kannze, musse* oder *willze*. Auch *dat* und *wat* gehören zu ihrem Repertoire.

In Essen wie in Bonn zeigte sich allerdings, dass junge Leute mit Migrationshintergrund weniger Regionalismen kennen und verwenden als Gleichaltrige, deren Eltern deutschsprachig sind und schon immer am Ort gewohnt haben. In Bonn ließ sich diese Beobachtung u. a. machen, als beide Gruppen nach Wörtern wie *Blötsch / Plötsch* ›Delle‹, *fimschig* ›sensibel, empfindlich‹, *Plümmo* ›Oberbett‹ oder *üsselig* ›regnerisch‹ gefragt

wurden. Regiolektwörter, mit denen Jugendliche aus Migrantenfamilien vertraut sind, zeichnen sich dadurch aus, dass sie zum
festen Wortschatz ihrer MitschülerInnen gehören und dass
sie außerdem oft weit verbreitet sind: Als Beispiele ließen sich
knibbeln und *Kusselkopp* nennen (siehe Kap. 20). Der Ort und
die Region prägen die sprachlichen Register der nordrhein-westfälischen Bevölkerung.

Als Menschen mit Migrationshintergrund gelten nach einer
Definition des Statistischen Bundesamtes »alle nach 1949 auf
das heutige Gebiet der Bundesrepublik Deutschland Zugewanderten, sowie alle in Deutschland geborenen Ausländer und
alle in Deutschland als Deutsche Geborenen mit zumindest einem zugewanderten oder als Ausländer in Deutschland geborenen Elternteil«. Im Hinblick auf den Erwerb regiolektaler
Register wird es sich vermutlich stark auswirken, wenn ein Elternteil schon immer Deutsch gesprochen hat und aus einer
eingesessenen Familie stammt: Der regionalsprachliche »Input«
ist in diesen Fällen ein ganz anderer.

Die 1983 geborene Schauspielerin Aylin Tezel stammt aus
Bielefeld und dürfte im Sinne des Statistischen Bundesamtes
eine Frau mit Migrationshintergrund sein, ist ihr Vater doch
Türke, ihre Mutter Deutsche. Seit 2012 spielt Tezel eine Kom-
missarin im WDR-»Tatort«, der in Dortmund angesiedelt ist.
Wegen dieser Rolle wurde die Schauspielerin am 18.11.2012 als
Studiogast in die ARD-Sendung »Morgenmagazin« eingeladen. Das Gespräch zwischen dem Moderatoren-Duo und ihr
wird auf Hochdeutsch (Standarddeutsch) geführt, bis Tezel an
einer Stelle die Sprachlage wechselt:

»*Da hab ich grade nich so viel Zeit zu. Abber wat
soll man tun: Man kann sich nich vierteilen, ne!*«

Ostwestfälischer Regiolekt pur! Wann und warum Menschen von einer Sprache (Sprachlage) in eine andere fallen, was sie durch diesen Wechsel (vielleicht unbewusst) zu erreichen versuchen, wann der Regiolekt in einem Gespräch »durchbricht«, wird die Sprachforschung in den nächsten Jahren noch untersuchen.

Seit einigen Jahren ist eine neue Entwicklung im Grenzraum zu den Niederlanden zu beobachten: Niederländer und Niederländerinnen ziehen verstärkt in grenznahe Orte Nordrhein-Westfalens, wofür das Gefälle zwischen den Grundstücks- und Immobilienpreisen in beiden Staaten verantwortlich ist. So haben sich in der niederrheinischen Gemeinde Kranenburg vor den Toren der Stadt Nimwegen zahlreiche niederländische Familien, darunter viele mit Kindern, angesiedelt. Zu dieser Kommune gehört Zyfflich, ein in unmittelbarer Grenznähe gelegenes Dorf; im dortigen Kindergarten hatten 2012 nicht weniger als 41 Prozent der Kinder und Kleinstkinder niederländische Eltern. Drei Jahre vorher wurden in der Gemeinde Kranenburg insgesamt 72 niederländische Schulkinder im Alter zwischen sechs und zehn Jahren gezählt; 20 von ihnen gingen jenseits der Grenze zur Schule, die übrigen besuchten hier die Grundschule. Sowohl im Zyfflicher Kindergarten als auch in der Kranenburger Grundschule gab es zweisprachige Angebote. Wie sich der Sprachalltag in den Grenzorten gestaltet, für Kinder wie Erwachsene, beim Plausch mit Nachbarn oder beim Behördengang, ob dabei der Dialekt noch eine gewisse Rolle spielen kann – hier tun sich Forschungsfelder für eine zukünftige Sprachgeschichte Nordrhein-Westfalens auf.

Wer innerhalb Deutschlands umzieht, wer seinen Wohnsitz beispielsweise von Lübeck nach Leverkusen oder von Biberach nach Bielefeld verlegt, landet in einer anderen Sprachwelt. Im Standarddeutschen, wie es in den Tageszeitungen seines neuen Wohnortes zu lesen ist, werden ihm einige Unterschiede auffallen, in der Alltagssprache noch mehr. Welche regionalen Spracheigenheiten eignen sich innerdeutsche Zuwanderer auf die Dauer an?

In Bielefeld, wo diese Frage vor wenigen Jahren untersucht worden ist, übernehmen Zuziehende schon nach relativ kurzer Zeit bestimmte Bezeichnungen der örtlichen Umgangssprache. Eins der dort rasch im Wortschatz der Neubürger ankommenden Wörter ist *Pinneken* ›Schnapsglas‹. Auch andere Vokabeln mit dem westfälischen Verkleinerungselement *-ken* haben gute Chancen, ins Repertoire übernommen zu werden. Je länger die Zugezogenen bleiben und je intensiver ihre Kontakte zur einheimischen Bevölkerung sind, umso mehr ostwestfälische Regionalismen sind bei ihnen anzutreffen – so lautet eins der Untersuchungsergebnisse.

Es waren junge Erwachsene, deren Sprachrepertoire in Bielefeld analysiert wurde; zum Zeitpunkt der Studie lebten sie zwischen anderthalb und acht Jahre in Ostwestfalen. Sie hatten sich in diesem Zeitraum allerdings kaum lautliche Merkmale des dortigen Regiolekts angeeignet, während es im Wortschatz völlig unterschiedliche Ergebnisse gab. Zu den vielen Zugezogenen fremd gebliebenen Wörtern gehörte etwa *(an-)bucken* ›kuscheln‹. Bei den NeubielefelderInnen handelte es sich um Studierende der dortigen Universität. Das Studium führt überall in NRW junge Leute in neue Sprachregionen, so auch eine Rheinländerin, die auf diese Weise vor wenigen Jahren nach Bochum kam. Ihre Sprache, die daheim völlig »normal« klang, bot Bochumer Ohren manche Auffälligkeit: »Obwohl Bochum nicht so weit von Leverkusen entfernt ist, habe ich mich fast als ›Fremde‹ dort empfunden. Unzählige Male wurde ich auf mein rheinisch gefärbtes Deutsch angesprochen.«

Mobilität und Migration prägen das moderne Leben. Der Verlust der vertrauten Sprachumgebung – auch innerhalb Deutschlands – kann für den Einzelnen eine einschneidende und auch schmerzliche Erfahrung sein, der Erwerb neuer Sprachoptionen ein spannendes und vielleicht sogar beglückendes Erlebnis.

23 WDR-Deutsch

Wer heute alte Radioaufnahmen aus den frühen Jahren Nordrhein-Westfalens hört, fühlt sich mitunter an den Ton der »Wochenschau« während des Zweiten Weltkrieges erinnert – nicht ganz zu Unrecht:

> »Die Zurückdrängung der Unterhaltungsfunktion durch ›volkserzieherische‹ und propagandistische Zwecke in der frühen NS-Zeit förderte [im Radio] diese übertrieben ›hochsprachliche‹ Tendenz. Nachrichtensprecher, Kommentatoren, politische Reporter gewöhnten sich einen pathetischen, betont seriösen Verkündigungsstil an, der beim rituellen, schweigsamen Abhören zu bestimmten Tageszeiten den Text und seinen Inhalt als unbedingt gültig und unantastbar erscheinen ließ, noch bis in die 6oer Jahre [...].«

Die Standardsprache, von den Menschen in NRW oft einfach »Hochdeutsch« genannt, hat zwei Existenzformen: Wir verwenden sie gesprochen und geschrieben. Die Frage etwa, ob *tschüss* nun mit einem oder zwei s zu schreiben ist, berührt die Schriftsprache. Die regional differierende Aussprache dieses Grußes betrifft dagegen die Sprechsprache. Beides – wie das Standarddeutsche schriftlich und mündlich zu gebrauchen ist – lernen wir in der Schule. Agenturen der Standardsprache sind ferner die Massenmedien, wobei vor allem Radio und Fernsehen in den Blick geraten, wenn es um gesprochenes Hochdeutsch geht.

160

Für Hörfunk- wie Fernsehredaktionen stellen sich jeden Tag aufs Neue zwei Sprachfragen: 1. Wie »standardnah« sollen oder können die Beiträge sein? 2. Welche Regionalismen sind erlaubt oder sogar erwünscht? Dass im WDR auf diese Fragen andere Antworten gefunden werden als beim Mitteldeutschen Rundfunk oder beim Bayerischen Rundfunk, liegt auf der Hand und hat nicht zuletzt damit zu tun, dass der deutsche Sprachraum »plurizentrisch« angelegt ist: Wie »Hochdeutsch« (Standarddeutsch) klingt oder zu klingen hat, stellt sich aus nordrheinwestfälischer Sicht anders dar als in Leipzig oder München (siehe Kap. 24).

Der WDR ist zusammen mit dem NDR aus der Teilung des Nordwestdeutschen Rundfunks (NWDR) hervorgegangen – als ein echter »Landessender«, deckt sich sein Sendegebiet doch vollständig mit der Fläche des Bundeslandes NRW. In den letzten Jahrzehnten hat sich die Radio- und Fernsehwelt Nordrhein-Westfalens tiefgreifend verändert. Nicht nur, dass zahlreiche private Lokalsender entstanden sind, auch der WDR hat ein flächendeckendes Netz regionaler Studios etabliert: Sie sind heute in Aachen, Bonn, Bielefeld, Dortmund, Duisburg, Düsseldorf, Essen, Köln, Münster, Siegen und Wuppertal zu finden. Dort, »vor Ort«, wird u. a. die Fernsehsendung »Lokalzeit« als Regionalmagazin produziert, das an Werktagen zunächst in einem 5-Minuten-Format um 18 Uhr und dann um 19:30 Uhr in einer Länge von 30 Minuten parallel von den elf Studios ausgestrahlt wird. Für eine Studie wurden im Jahr 2014 insgesamt 44 Sendungen des Langformats, je vier pro Studio, auf ihre Sprachwahl hin untersucht: Wie sprechen ModeratorInnen, ReporterInnen und SprecherInnen, wie die Studiogäste und die interviewten Menschen aus der Region, die in den Einspielern zu Wort kommen?

Zu den festen Elementen der »Lokalzeit« gehört die Vorschau auf das Wetter der nächsten Tage: Der Moderator oder die Moderatorin lesen den Text vom Teleprompter ab, während die Zuschauer passende Naturaufnahmen vom Tage zu sehen bekommen. In der »Lokalzeit OWL« aus dem Studio Bielefeld klang die Wettervorhersage am 30.1.2014 so:

> *Hier kommt die Wettervorhersage. Kommende Nacht sind Schneegriesel und gefrierender Sprühregen mit Glätte möglich, meist bleibt's aber trocken, die Luft kühlt sich auf minus zwei bis minus vier Grad ab. Und morgen dann lösen sich die Wolken am Vormittaak meist auf, und danach scheint nahezu überall die Sonne, am Nachmittach werden zwei bis vier Grad erreicht, Sie sehn's: Am wärmsten is̱-es im Süden und im Südwesten von OWL. Und am Samstaak zieht dann Regen durch bei relativ milden sieben Grad, am Sonntaak gibt's zwar mehr Wolken als Sonnenschein, es bleibt abber trocken um sechs Grad, und die neue Woche startet freundlich bei rund vier Grad.*

Im geschriebenen Text des Teleprompters hat, wie anzunehmen ist, *Vormittag, Nachmittag, Samstag* und *Sonntag* gestanden. In NRW konkurrieren in diesen Fällen die Ausprachevarianten *-taak* und *-tach* (mit kurzem *a*), seltener auch *-taach*. Der Bielefelder Moderator entscheidet sich für *Nachmittach* neben *Vormittaak, Samstaak* und *Sonntaak*. Einmal artikuliert er *aber*, dann regionaltypisches *abber* (mit Kurzvokal). Anstelle des Pronomens *es* sind Reduktionsformen zu hören: *bleibt's, Sie sehn's, gibt's.* Auffällig oder, unter regionalen Vorzeichen, vielleicht auch gar nicht auffällig ist die Zusammenziehung *is̱-es* ›ist es‹ mit weichem (stimmhaftem) *s*: Die Sprache dieser ostwestfälischen Wettervorhersage ist unüberhörbar regional gefärbt.

Dass Reporter, die von der Redaktion hinausgeschickt werden, am Mikrofon auch standardferner sprechen dürfen, zeigt sich beispielsweise in der »Lokalzeit Südwestfalen« aus Siegen; »Hermann hilft« heißt hier ein fester Reportageplatz. Am 29.1.2014 besucht der betreffende Reporter die Offene Ganztagsschule in Gesecke, wo er zunächst auf deren Leiterin trifft (R: Reporter; X: OGS-Leiterin):

R: *Da hat wieder irgendjemand wat ... – Frau X?*
X: *Ja, hallo Hermann!*
R: *Da hat wieder irgendeiner was falsch verstandn!*
X: *Nein, wir haben das schonn richtich verstandn.*
R: *Okeh!*
X: *Das sollte so sein.*
R: *Et geht schonn los, ne?*
X: *Geht schonn los!*

Wenn in NRW *dat, wat* oder *et* zu hören ist, wird eine Sprachform außerhalb der Standardsprache gewählt (siehe Kap. 19 und 20). Die Reportage, deren erste Sequenz hier verfolgt werden kann, beginnt im Regiolekt. Es ist ein Spiel mit O-Tönen und Studio-Tönen, das sich in vielen »Lokalzeit«-Sendungen beobachten lässt. Wenn regiolektale Passagen auftauchen, dann in der Regel als Originalton: in den eingespielten Interviews oder in der individuellen Sprachform bestimmter Reporter, die ihre sprachliche Regionalität zu einem Markenzeichen ausgebaut haben. Den Gegenpol dazu bilden die Moderationen, deren Sprachform sich als »Regionalstandard« einstufen lässt und dabei Lautungen wie *abber* oder *Nachmittach* integrieren kann. Vorbereitete Einspieler, deren Texte von BerufssprecherInnen vorgelesen werden, klingen dann ein wenig »neutraler« und nähern sich damit jener regional unauffälligen Sprache an, die man vielleicht als »Tagesschau-Standard« bezeichnen könnte.

Für die »Lokalzeit« sind u. a. folgende Grußformeln typisch:

Schönen Abend noch und bis morgen, tschüss!
(Köln)
Ihnen jetzt noch nen schönen Abend, tschüss!
(Aachen)
Schönen Abend noch, bis dahin, alles Gute, tschüss!
(Dortmund)
Ich wünsch Ihnen einen schönen Abend und bis
morgen, tschüss! (Bielefeld)
Bis morgen 18 und 19 Uhr 30, tschö-ö! (Duisburg)
Ihnen jetzt einen schönen Abend, [...] wir sagen
tschüss bis morgen! (Dortmund)

In Nordrhein-Westfalen ist eine Anzahl Abschiedsgrüße bekannt, die lockerer daherkommen als standardsprachliches *Auf Wiedersehen* und vielleicht auch etwas über die geographische Herkunft verraten. *Tschö, Gut gaon (Chut chaon)* oder *Glück auf* sind drei auffällige Grüße, auf die das zutrifft. *Tschö* ist im Rheinland entstanden, *Gut gaon* hat seine Heimat im Westfälischen, während *Glück auf* typisch für die ehemals vom Bergbau geprägte Region an der Ruhr und für das Siegerland ist. Beim Abschied wird auch gern *Mach's gut (Machet gut)* oder *Bis dann, Bis dahin, Bis die Tage* gesagt; allgemein verbreitet ist *tschüss*, daneben ist auch *tschau*, ursprünglich aus dem Italienischen (*ciao*) stammend, bekannt.

Der in der »Lokalzeit« am häufigsten gebrauchte Abschiedsgruß ist *tschüss*, in der Regel mit kurzem *ü* gesprochen. In 31 der 44 Sendungen benutzten ihn die ModeratorInnen; in der Regel wird *tschüss* kombiniert, am häufigsten mit *Schönen Abend* (oder *nen schönen Abend* usw.). *Auf Wiedersehen* sagt niemand. *Gut gaon* oder *Glück auf*, die manchmal von Radiomoderatoren des WDR gebraucht werden, tauchen hier nicht auf, ebenso wenig *tschau*, das heute wohl nicht nur bei jungen Leute recht beliebt ist; *tschö* – in der zweisilbigen Variante *tschö-ö* –

ist einmal in Duisburg zu hören. Wahrscheinlich wird *tschüss* (oder *tschüüs*) irgendwie von den Redaktionen vorgegeben – es scheint (regionale) Nähe und (individuelle) Freundlichkeit bei gleichzeitig gegebener (professioneller) Seriosität zum Ausdruck bringen zu können. Meist steht dieser kompakte Ein-Wort-Gruß am Ende und markiert so den Schlusspunkt der Sendung.

Die »übertrieben ›hochsprachliche‹ Tendenz«, die noch bis in die 1960er Jahre die Sprache der Medien geprägt hat, hat sich in der Zwischenzeit aufgelöst. Radio und Fernsehen nähern sich damit stets weiter der Alltagssprache an – die immer auch regional geprägt ist.

Während der Dialekt im Fernsehen über ein Mauerblümchendasein nicht hinausgekommen ist, war er vor Jahrzehnten im Radio auf festen Sendeplätzen mit einem gewissen Zeitvolumen zu finden. So richtete der WDR eigens eine »Westfälische Redaktion« in Münster und eine »Rheinische Redaktion« in Köln ein, die zuständig waren für die Produktion von Mundarthörspielen und -features; in diesem Zusammenhang wurde auch die Reihe »Land und Leute« etabliert. Allerdings hatte das Format im Jahr 2014 nur noch sechs, zudem ganz am Rand gelegene Sendetermine (jeweils samstags um 21:05 Uhr). Auch tauchen regionale Sprachformen (Dialekte, Regiolekte, gefärbtes Hochdeutsch) immer mal wieder in Werbespots auf.

Das Fernsehen ist jünger als das Radio und erreichte die Menschen zu einer Zeit, als der Dialekt in NRW schon deutlich auf dem Rückzug war (siehe Kap. 14 und 15). Zu den TV-Sendungen im Dialekt, an die sich heute noch viele erinnern, gehören die Übertragungen aus dem Kölner Millowitsch-Theater. Um der Verständlichkeit willen wählte das Ensemble, wie im Hamburger Ohnsorg-Theater auch, jedoch eine vom Alltagsplatt sehr weit entfernte Sprachform.

Wer heute beim WDR arbeitet, ob nun beim Hörfunk oder beim Fernsehen, gehört, wenn er nicht einen Migrationshintergrund hat, in aller Regel einer nachdialektalen Generation an: Er beherrscht keinen Dialekt mehr und hat, wenn es hoch kommt, vielleicht noch Eltern, zu deren Erfahrungswelt der Dialekt zählt. Das Sprachrepertoire der Medienleute reicht im Maximalfall vom Regiolekt bis zum Tagesschau-Standard. Hier setzen Redakteure und Moderatorinnen heute an.

Wie fern Platt (oder »Mundart«) inzwischen sein kann, lässt sich an einer Fernsehsendung des WDR aus dem Jahr 2011 ablesen, die den Titel »Die beliebtesten Mundarten der Nordrhein-Westfalen« trug. Insgesamt 15 »Mundart« genannte Sprachformen wurden dabei den Zuschauern in NRW zur Abstimmung über deren Beliebtheit vorgestellt, darunter »Kölsch« (belegte schließlich Platz 3), »Münsterländisch«, »Niederrheinisch«, »Eifler Platt«, »Öcher Platt« und »Sauerländer Platt« (kam auf den letzten Platz). Im Angebot waren ferner drei außerhalb Nordrhein-Westfalens angesiedelte Dialekte sowie, mit »Berlinisch« (Platz 2) und »Sächsisch«, zwei prominente Regiolekte Deutschlands. Auch »Amtsdeutsch« (Platz 6), »Denglisch« (Platz 9) und »Kanak« (Platz 12) wurden hier als »Mundart« eingestuft. Auf Platz 1 wählten die Zuschauer »Ruhrdeutsch«, also den wohl bekanntesten Regiolekt des Landes – dessen SprecherInnen zugleich die größte Gruppe innerhalb des WDR-Publikums bilden.

Zu den Ergebnissen der »Lokalzeit«-Studie des Jahres 2014 gehört auch die Beobachtung, dass der letzte Werktag der Woche in allen Sendungen, einschließlich der in Bielefeld produzierten, *Samstag* genannt wird. Folgt die dortige Redaktion nun der Alltagssprache in Ostwestfalen-Lippe? Oder sagt man in der Region, etwa im Raum Minden, vielleicht (auch / gelegentlich) *Sonnabend*? In dortigen Dialekten hieß es im frühen 20. Jahrhundert jedenfalls noch *Sunnobend/Sunnowend*; aber *Samstag* gehört seit langem zu den »Gewinner-Wörtern« an Rhein und Ruhr (siehe Kap. 4).

166

24 Hochdeutsch in regionaler Perspektive

»Hochdeutsch« ist eine gebräuchliche Bezeichnung für die Sprache, die in der Schule unterrichtet wird und die in bestimmten (offiziellen, förmlichen) Gesprächssituationen angebracht oder sogar unverzichtbar ist. In der Linguistik wird dieses – in schriftlicher wie mündlicher Form verwendete – Kommunikationsmittel »Standardsprache« oder »Standarddeutsch« genannt; dabei lässt sich wieder zwischen Tagesschau-Standard und Regionalstandard differenzieren (siehe Kap. 23). In Alltagsgesprächen wählen die Menschen in NRW dagegen oft ihren Regiolekt, innerhalb dessen man zwischen einer (weniger markanten) Regionalfärbung und dem »tiefen« Regiolekt unterscheiden kann (siehe Kap. 20). Eine Darstellung dieser Sprachoptionen jenseits des Dialekts könnte folgendermaßen aussehen, wobei gleitende Übergänge einzubeziehen wären:

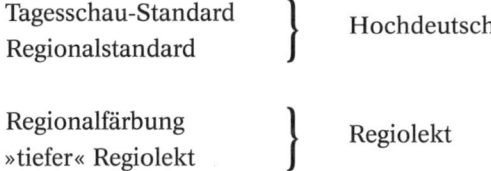

Tagesschau-Standard } Hochdeutsch
Regionalstandard

Regionalfärbung } Regiolekt
»tiefer« Regiolekt

Im Kölner Raum ist beispielsweise mit folgenden Varianten zu rechnen:

Am Nachmittaak gehn wir nicht in die Schule.
Am Nachmittach gehn wir nich/nisch in die
*   Schule.*
Am Nachmittach gehn/jehn wer nich / nisch in de
*   Schule.*
Am Namittach jeh-mer nitt in de Schul(e).

Die regiolektalen Sprachlagen unterscheiden sich auch in ihrem Wortschatz vom Hochdeutschen. Wörter, die in nordrheinwestfälischen Regiolekten beheimatet sind, sind beispielsweise *Pampe, Papp, pladdern, Plörre* oder *Plünnen* und auch *Pinnchen (Pinn(e)ken), Pläte, pöhlen* oder *Prängel.* Deutsche Wörterbücher verzeichnen manche davon sehr wohl, andere wiederum nicht. Im Duden-Rechtschreibwörterbuch von 2013 (26. Auflage) ist zum Beispiel die erste Reihe (von *Pampe* bis *Plünnen*) zu finden, nach den anderen Wörtern (von *Pinnchen* bis *Prängel*) sucht man dagegen vergeblich. Der Duden-Band hat als zwei weitere Stichwörter *plästern* und *Pütt* aufgenommen, als dessen Verbreitungsgebiet er jeweils das Rheinland und Westfalen nennt!

Wenn jemand Hochdeutsch sprechen (oder schreiben) will, aber aufgrund mangelnder Fertigkeiten vielleicht immer wieder »Fehler« macht, wird dafür gern der Begriff der »intendierten Standardsprache« verwendet: Die Person will Standard sprechen (oder schreiben), es fehlen aber ausreichende Kenntnis oder Übung. In den ersten Jahrzehnten Nordrhein-Westfalens traf diese Charakterisierung noch auf so manche Menschen zu. Sie waren als Dialektsprecher aufgewachsen, ihre Fertigkeiten im Hochdeutschen ließen jedoch manchmal zu wünschen übrig. »Hochdeutsch auf Klumpen« oder »Hochdeutsch mit Knubbeln« waren gängige Bezeichnungen für ihre Sprachäußerungen. Auch Kinder, die selbst den Dialekt schon nicht mehr beherrschten, aber in einer stark dialektal oder regiolektal geprägten Welt aufwuchsen, machten immer wieder einschlägige Fehler, wenn sie erst in der Schule mit dem Hochdeutschen konfrontiert wurden. In den 1970er Jahren waren in Klassenarbeiten aus dem westfälischen Sprachraum Sätze wie die folgenden zu lesen:

Er steckte es unterm Bett. Die Stelle um dem
Loch wird abgerieben. Der Zeltplatz lag neben
einer Sandkuhle durch der wir durch mußten.
Man kann sich auch vorm Fernseher setzen.
Wir sprangen von den Auto. Bei den Auspacken
wurde er erwischt. Er hatte eine Maske über
den Kopf. Ich zog den Schlitten hinter mich her.
[...] Auf der Fahrt machten wir bei (auf) halber
Strecke Pause. Am (bei) Sonnenuntergang gingen
wir nach Hause. Alle hatten ihn um (zu) einer
anderen Zeit gesehen. Das Fernsehen ist eine
Zeitvertreib für (gegen) die langeweile. Ich suchte
ein Hotel und bezahlte einen Betrach übber (für)
1 Woche.

Es ist davon auszugehen, dass Unzulänglichkeiten dieser Art
heute, da die damaligen Schüler und Schülerinnen selbst wieder Kinder haben, sehr viel seltener vorkommen. Der dialektale / regiolektale Einfluss hat sich entscheidend abgeschwächt,
während die jungen Leute andererseits mit dem Hochdeutschen
sehr viel vertrauter sind.

Deutsch ist eine »plurizentrische« Sprache: Sie hat verschiedene (nationale) sprachliche Zentren. Die Unterschiede zwischen Österreich, der Schweiz und Deutschland fallen jedem
auf, der damit konfrontiert wird; sie betreffen den Wortschatz
ebenso wie die Aussprache und treten auf allen anderen Ebenen der Sprache ebenfalls in Erscheinung. Auch Liechtenstein
und Luxemburg haben ihre sprachlichen Besonderheiten, ebenfalls Ostbelgien und Südtirol – in diesen Ländern bzw. Landesteilen wird Deutsch als Amts- und Schriftsprache (z. T. neben
anderen Sprachen) verwendet. Das erste Wörterbuch, das die
nationalen Varianten dokumentiert, erschien 2004 unter dem Titel »Variantenwörterbuch des Deutschen« (VWD) (siehe Kap. 4).

Auch innerhalb der Bundesrepublik Deutschland trifft man auf auffällige Sprachvarianten, etwa zwischen NRW und Bayern. Hochdeutsch bayerischer Prägung bieten die beiden folgenden Sätze: *Heuer muss sich der Bub um die Geiß kümmern. – Heute gibt's Würstl mit Blaukraut, danach ein Haferl Kaffee.* Im VWD werden die Wörter *Bub, Geiß* und *Blaukraut* im Süden Deutschlands verortet, während der Geltungsraum von *heuer, Würstl* (dort heißt es *Würstel*) und *Haferl* weiter eingeschränkt wird: Es ist der Südosten der Bundesrepublik. Viele Menschen in NRW werden aber gar nicht wissen, was ein *Haferl* ist; in der regionalen Alltagssprache an Rhein und Ruhr wäre das ein *Kaffeepott*. Bei *heuer* dürften nicht wenige Nordrhein-Westfalen der Meinung sein, das sei doch gar kein Hochdeutsch. Zwei Sätze, an denen hier vermutlich niemand Anstoß nehmen würde, wären dagegen: *Dieses Jahr muss sich der Junge um die Ziege kümmern. – Heute gibt's Würstchen mit Rotkohl, danach eine Tasse (einen Pott) Kaffee.*

Ein »deutschländisches« Variantenwörterbuch (also ein Werk für das Gebiet der Bundesrepublik Deutschland) liegt bislang nicht vor, auch kein Lexikon für die innerhalb des Bundeslandes Nordrhein-Westfalen üblichen Varianten des Deutschen (Hochdeutschen); darin wären beispielsweise Synonyme wie *Dachboden, Söller* und *Speicher, Hausaufgaben* und *Schularbeiten* oder auch *Stutenkerl* und *Weckmann* aufzunehmen.

Wer schon einmal in Bayern Urlaub gemacht hat oder gelegentlich Sendungen des Bayerischen Rundfunks eingeschaltet, wird hören, dass die Menschen dort dazu neigen, *Könick, dreißick* oder *wenick* zu sagen, während in NRW die Varianten *Könich, dreißich* und *wenich* im Regionalstandard geläufig sind. Im Freistaat wie im Bundesland folgt das Hochdeutsche damit den Ausspracheregeln der einheimischen Dialekte, auch dort, wo diese Dialekte schon nicht mehr gesprochen werden.

Plurizentrisch ist also auch das innerhalb Deutschlands verwendete Deutsch! Phonetische Varianten dieser Art werden im »Atlas zur Aussprache des deutschen Gebrauchsstandards« (AADG) dokumentiert. Aus Nordrhein-Westfalen sind darin die 13 Orte Aachen, Bad Berleburg, Bielefeld, Coesfeld, Duisburg, Geldern, Gelsenkirchen, Kleve, Köln, Schleiden, Siegen, Warstein und Werl einbezogen.

Im Westen grenzen die Niederlande und Belgien an NRW. Während die niederländische Staatsgrenze zugleich eine Sprachgrenze ist (siehe Kap. 7), trennt der südliche Grenzabschnitt ab Aachen zwei Gebiete, in denen Deutsch jeweils Amts- und Schulsprache ist: die Deutschsprachige Gemeinschaft Belgiens (DG) und Nordrhein-Westfalen. Die DG nennt sich selbst auch Ostbelgien.

»Ostbelgien spricht sein eigenes Deutsch« – unter dieser Überschrift erschien im Dezember 2008 eine Karikatur in einer Eupener Tageszeitung. Sie zeigt einen sich echauffierenden Kunden in einem Schreibwarengeschäft in Aachen. Der Mann stammt offensichtlich aus Eupen oder einem anderen Ort in der DG und hat, wie sich erschließen lässt, vergeblich nach bestimmten Artikeln gefragt. In der Sprechblase ist zu lesen: »Sprecht ihr hier in Aachen alle nur Chinesisch? Zum letzten Mal: drei Bic und zwei Farden!«

Aufgrund der Beschlüsse des Wiener Kongresses von 1815 war das Gebiet der heutigen Deutschsprachigen Gemeinschaft, zusammen mit dem Raum Malmedy, an Preußen gefallen, es wurde so Teil der Rheinprovinz. Seit 1920 gehört es zu Belgien, war aber zwischen 1940 und 1945 von Nazi-Deutschland annektiert. Es lassen sich verschiedene Phasen in der ostbelgischen Sprachpolitik zwischen 1945 und 1980 unterscheiden, seitdem entscheidet die DG selbst in allen sprachlichen Angelegenheiten. Neben der Amtssprache Deutsch spielt auch das Französische eine Rolle in Ostbelgien.

Das zeigt sich etwa in französischen Lehnwörtern wie *Bic* ›Kugelschreiber‹, *Farde* ›Aktenordner‹ und vielen anderen Entlehnungen. Auch wenn beide Beispiele weder im Duden-Rechtschreibwörterbuch noch im »Variantenwörterbuch des Deutschen« vorkommen, sind sie wohl doch dem Hochdeutschen (der Standardsprache) zuzurechnen. Dass Deutsch eine plurizentrische Sprache ist, erfahren die Menschen im Raum Aachen-Eupen auf sehr konkrete Weise. Die Dialekte an beiden Seiten der Staatsgrenze sind historisch eng verwandt, tragen heute aber auch belgische und »deutschländische« Züge, was in einem grenzübergreifenden Dialektatlas nachzulesen ist, dessen Material seit November 2011 von der Universität Lüttich gesammelt wurde.

Das Vereinsheim des 1. FC Köln trägt den Namen *Geißbockheim*, das Maskottchen des Vereins ist ein *Geißbock*. Warum sagen die Kölner nicht *Ziegenbock*? *Ziege* und *Ziegenbock* sind die beiden in NRW üblichen Bezeichnungen für die weiblichen und männlichen Exemplare der Säugetierart Capra im Hochdeutschen. In den Dialekten kennt man auch ganz andere Bezeichnungen, so *Geet* am unteren Niederrhein und *Jeeß* im Rheinland: Die stadtkölnische Dialektvariante ist *Jeyß*, der Bock ist dann der *Jeyßbock*; entsprechend heißt es *Jeyßefleysch* oder *Jeyßemilsch* im Kölschen. *Geißbock* und *Geißbockheim* sind also Dialektreminiszenzen, ihnen haftet sozusagen ein echt kölnischer »Stallgeruch« an.

Die Wortschätze des Hochdeutschen und der einzelnen Dialekte in NRW weisen große Schnittmengen auf: *Ball – Ball*, *Haus – Huus* (*Hüss, Hius* …), *Straße – Straot* (*Straoß* …) usw. Manchmal ist, wie bei *Ball*, sogar die Aussprache identisch. Wer in den Jahren nach dem Zweiten Weltkrieg allerdings mit einem Dialekt als Erstsprache aufwuchs, musste mit dem Hochdeutschen zahlreiche »neue« Vokabeln lernen. Anstelle von *Saoterdag* (siehe Kap. 4) hatte er im Hochdeutschen *Samstag*

172

Rotkohl
nach dem Deutschen Wortatlas

Rheine
Gronau
Minden
Bielefeld
Coesfeld   Münster
Gütersloh   Detmold
Bocholt   Haltern
Kleve   Werne   Lippe   Paderborn
Hamm
Dortmund   Soest   Warburg
Essen
Duisburg   Ruhr   Arnsberg
Mönchen-   Düsseldorf
gladbach   Radevormwald
Gummersbach   Olpe
Köln   Wenden   Bad
Berleburg
Siegen
Aachen   Düren   Bonn   Siegburg
Euskirchen

Rotkohl, roter Kohl
roter Kappes
roter Kumst
blauer Kumst
Rotmus
Blaumus, Rotmus
Rotkraut

40 km

Entwurf: Georg Cornelissen
Kartographie: LVR-Institut für Landeskunde und Regionalgeschichte, Bonn

mit den Ausspracheoptionen *Samstaak* oder *Samstach* zu verwenden; und wer auf Platt *Jeyß* oder *Geet* sagte, benutzte in
der Standardsprache *Ziege* und lernte die *Geiß* erst mit dem
Märchen vom Wolf und den sieben Geißlein kennen. In manchen Dialekten wird (wurde) der *Rotkohl*, wie die auf Daten
des 20. Jahrhunderts beruhende Karte zeigt, wie im Hochdeutschen genannt: *Rautkaul* bzw. *rauden Kaul* (Ostwestfalen)
oder *roje Kohl* (nördlicher Niederrhein). Anderswo ist (war)
diese Gemüsepflanze auf Platt jedoch als *Kappes, Kumst, Mus*
oder *Kraut* bekannt, in zwei Regionen wird (wurde) als Farb-

173

markierung *blau* (*blo, blao*) statt *rot* gewählt: *bloen Kumst* ist dasselbe wie *Rotkohl*.

Das Bundesland Nordrhein-Westfalen hat mit seinen mehr als 34 000 Quadratkilometern eine beachtliche Größe, was nicht nur eine enorme Varianz zwischen den hier beheimateten Dialekten und Regiolekten zur Folge hat, sondern sich auch in räumlich verteilten Varianten im Hochdeutschen niederschlägt. Beispiele für Divergenzen im hochdeutschen Wortschatz des Landes könnten *Stutenkerl* und *Weckmann* sein: Die beiden konkurrierenden Bezeichnungen für das saisonale Gebildbrot in der Form eines Mannes (mit oder ohne Pfeife) teilen sich das NRW-Gebiet, wie eine Karte im »Atlas zur deutschen Alltagssprache« dokumentiert: *Stutenkerl* wird im Norden und Osten benutzt (und reicht am unteren Niederrhein bis über den Rhein), *Weckmann* im Westen und Süden. In den Regiolekten des Landes wird die oberste, nicht bewohnte Etage eines Hauses *Söller, Speicher, Dachboden, Boden* oder *Balken* genannt (siehe die Karte im Kap. 20). Sieht man einmal vom münsterländischen *Balken* ab, kommen sie alle wohl auch im Hochdeutschen nordrhein-westfälischer Prägung vor.

Der potenzielle Varianzraum im Hochdeutschen enthält ferner phonetische Auffälligkeiten wie *docht, Mochd, Spocht*. So hatte einmal eine aus Aachen stammende Studentin auf dem Einwohnermeldeamt in ihrem Studienort Münster zu tun; Aachen liegt in dem Gebiet, in dem ›Sport‹ als *Spocht* ausgesprochen wird:

»Eine Sachbearbeiterin half ihr beim Ausfüllen eines Formulars und sagte: ›Und jetzt schreiben Sie hier Ihren neuen Wohnort hinein: Ochtrup!‹ Die Studentin, an rheinische Sprachfehlleistungen gewöhnt und gewillt, diese auszubügeln, schrieb mit voller Überzeugung: ›Ortrup‹.«

174

Als die Studierende den Ortsnamen *Ochtrup* hörte, ordnete sie ihn der Reihe *docht, Mochd, Spocht* zu, also Wörtern, die mit *r* zu schreiben sind: *dort, Mord, Sport.* Diese Aussprachevariante ist häufig im Rheinland zu finden. Im westfälischen Teil des Landes ist in diesen Fällen, analog zum alten Dialekt, eher mit *dooat, Mooad* oder *Spooat* zu rechnen. Aber vermutlich wird man viele Varianten in der heutigen Standardsprache nicht mehr als »westfälisch«, »rheinisch« oder »siegerländisch« im Sinne alter Dialekträume einstufen können. Oft handelt es sich um großräumig verbreitete Varianten, für deren Gebrauch eher die geographische Lage eines Ortes als dessen Zugehörigkeit zu einem Dialektgebiet den Ausschlag geben wird.

Das gesprochene und geschriebene Deutsch verändert sich ständig – das fällt allen auf, dem einen mehr, dem anderen auch weniger. Der Remscheider Gustav Hermann Halbach gehörte zur ersteren Gruppe: Dies sind Menschen, die vielleicht täglich Beobachtungen zum Sprachwandel machen und die solche Veränderungen in der Sprache nicht kalt lassen. Halbach, 1882 geboren, war ein Mundartliebhaber und veröffentlichte 1951 ein umfangreiches Wörterbuch des Remscheider Platts. Er war vielen EinwohnerInnen seiner Heimatstadt wohl »ein Begriff«, als ihm eine Tageszeitung im Mai 1954 eine halbe Seite für einen Artikel zum Sprachwandel einräumte. Überschrieben war er mit »Vati, Mutti, Papi, Mami ... und anderer Unsinn«; er enthielt die folgende Passage (*Dorp* bezeichnet im Dialekt von Remscheid die Innenstadt):

»Gebannt stehen wir rückständig alten Dörper in der jetzigen ›Zitti‹ vor den reichhaltigen Schaufensterauslagen der Bekleidungsgeschäfte. Da bewundern wir Pullover, Jumper, Jupons, Pantalons, Barett, Sweater, Pyjama, Combination, Dreß, Jabot, Camp-fire, Tenue, Creation, Dessous, Toilette, Taillet, Dekolletè, Teagom, Fife o'clock-Kleid, Korsett, Corselet, Gastrosett, Cape, Matinèe, Garnitur – Herrgott, wie sind die Werke alle so weislich benamset! Muß ich nun dann und wann ›gätt öm on aan hann‹ und bezeichne beim Einkauf die Dinge als das, was sie darstellen, so werde ich ob meiner Sprache als ein aus dem Mittelalter stammender ungehobelter Bauer angesehen.«

Es sind samt und sonders Fremdwörter, über die hier Klage geführt wird. Nur wer sie gebrauche, werde als moderner Mensch behandelt. Wer sie nicht beherrsche oder aus anderem Grund nicht verwende, gelte als rückständig (wird »als ein aus dem Mittelalter stammender ungehobelter Bauer angesehen«). Halbach macht Gegenvorschläge:

»Dabei gibt es so schöne Worte für unsere Kleidung. Greifen wir nur wahllos heraus: Unterkleidung, Unterwäsche, Unterhosen, Unterröcke, Leibchen, Bluse, Rock, Weste, Wams, Schuhe, Stiefel, Strümpfe, Kittel, Beinkleid, Unterziehhose, Schlüpfer, Schlupfhose, Hemdhose, Haarkämmjacke. Morgenrock, Nachmittagskleid, Teekleid, Abendkleid, Ballkleid, Kniehose, Rockhose, Miederhose, Strumpfbandhose, Hauskleid, Schürze, Morgenhaube, Pelzjacke, Pelzmantel, Nachthemd, Schlafanzug, Hosenanzug, Nachtanzug, Morgenanzug, Betthose, Bettjacke, Spitzenjanker, Hüftmieder, Morgenmieder, Magenmieder, Sportgurt, Sportwams, Wolljacke, Umhang. Die Liste ist unerschöpflich.«

Viele der im Jahr 1954 angeprangerten Wörter sind inzwischen längst wieder aus dem Vokabular verschwunden. Das kann daran liegen, dass die entsprechenden Kleidungsstücke selbst aus der Mode gekommen sind; in anderen Fällen mögen sie inzwischen durch modernere Bezeichnungen abgelöst worden sein. Wer eine solche Liste heute neu beginnen wollte, könnte

u. a. *Fleecepullover, Leggings, Outdoor-Kleidung, Sneakers, Softshelljacke, Tanga* und viele andere aufnehmen; damit wäre man auch schon fast beim Thema »Denglisch« (siehe Kap. 25).

Der Wortschatz ist der flexibelste Teil der Sprache, hier haben Wandel und Veränderung leichtes Spiel. Aber natürlich lassen sich auch die übrigen Sprachebenen durch Variabilität und Wandel charakterisieren. Gab es nach dem Krieg beispielsweise noch Menschen in Westfalen, die *S-pitzenjanker* und *S-tiefel* wie die Norddeutschen artikulierten, wird man in Nordrhein-Westfalen heute wohl vergeblich nach dieser Aussprache suchen: Die Prägung durch die alten Dialekte nimmt immer weiter ab – Sprachwandel vollzieht sich zunehmend in nationalen oder sogar globalen Dimensionen!

25 Ausblick

Mailen, simsen, bloggen, posten, twittern, chatten – unsere Kommunikationsformen ändern sich dank der neuen Medien tiefgreifend. Wie geht es in der Sprachgeschichte weiter?

Derzeit gibt es keine Hinweise darauf, dass sich der Rückgang des Dialekts in Nordrhein-Westfalen verlangsamen könnte. Wie sich das auf die zahlreichen Aktivitäten auf dem Feld der Kulturmundart auswirkt, bleibt abzuwarten. Wenn immer weniger Menschen den Dialekt verstehen, was bedeutet das für Dialektabende und Mundartgottesdienste? Was wird aus den Kursen und Unterrichtseinheiten zum Dialekt, die gegenwärtig in Schulen oder im schulischen Umfeld vielerorts angeboten werden? Falls der Dialekt in Zukunft stärker als bisher als Element des immateriellen Kulturerbes betrachtet wird, hat das irgendwelche Konsequenzen? Entwickelt sich Platt(deutsch) zur reinen Folklore?

Alles deutet darauf hin, dass sich die nordrhein-westfälischen Regiolekte weiter dem Hochdeutschen annähern werden. Die Dialektanteile, die heute in den regionalen Sprachlagen bei Jugendlichen zu finden sind, liegen deutlich niedriger als bei älteren Menschen in NRW, und im Wortschatz junger Leute mit Migrationshintergrund ist noch weniger Regionalsprachliches enthalten. Zu erwarten ist, dass viele Wörter, die heute in regionalen Lexika wie »Kappes, Knies & Klüngel« verzeichnet sind, in Vergessenheit geraten werden.

Nordrhein-Westfalen ist reich an Akzenten. Mit ihnen verhält es sich wie mit den Dialekten, deren Vielfalt einmal den Sprachraum geprägt und gegliedert hat: Sie differierten zwischen Rhein und Weser mit zunehmender Entfernung. Eine Siegerländerin war auch dann, wenn sie Hochdeutsch sprach, zu identifizieren, ebenso eine Rheinländerin oder eine Frau aus Ostwestfalen. Denn der mit dem Dialekt erworbene Sprachakzent begleitete auch ihr Hochdeutsch. Zum Akzent gehört die gesamte Intonation mit all den unterschiedlichen Tonhöhenverläufen: »Die singen schon« wurde früher oft über die Sprecher benachbarter Dialekte gesagt. Auch die Aussprache der einzelnen Laute könnte man als Elemente des Akzents einbeziehen: Die Koronalisierung des *ch* (*isch, Milsch*), der Ersatz des *r* durch *ch* (*Spocht, Mochd*), die Vokaldehnung vor (ursprünglichem) *r* (*Spooat, Mooad*), das Siegerländer *r* (*SpoRt, fahRen*) – welche dieser Phänomene werden heute von den Eltern an die Kinder weitergegeben? Sprachforscher sind manchmal überrascht darüber, wie stark die Akzente von Großeltern, Eltern und Kindern innerhalb einer Familie auseinanderklaffen – bei den jungen Leuten ist dann, ähnlich wie bei Moderatoren im Radio oder im Fernsehen, kaum noch zu hören, aus welcher Region sie stammen. Werden also Wittgensteiner und Niederrheiner in absehbarer Zeit einen ähnlichen Zungenschlag haben?

178

In den letzten Jahren gab es einige sprachwissenschaftliche Projekte in NRW, bei denen »echte« Alltagsgespräche mit dem Mikrofon aufgenommen wurden. So wurden etwa das Sprachverhalten von Handwerksmeistern im Rhein-Sieg-Kreis oder Unterhaltungen in einem Friseursalon in Heiden (Kreis Borken) mitgeschnitten und im Anschluss analysiert. Untersuchungen dieser Art können unverstellte Einblicke in die Sprachrealität des Landes geben.

Der »Spiegel« räumte im Februar 2012 einem Linguistikprofessor zwei Seiten ein für einen Essay zum Thema »Wie die Migration die deutsche Sprache verändert hat« (so der Untertitel). Als Überschrift dazu wurde ein Zitat gewählt: »Hab isch gesehen mein Kumpel«. Die These des Linguisten lautet: Das gesprochene Deutsch verändert sich zusehends aufgrund der Migranten in Deutschland! Es ging in diesem Beitrag nicht um die Sprachgeschichte, sondern um aktuelle Entwicklungen und deren Interpretation. Der Zusammenhang von Einwanderung und Sprachwandel ist, anders als die Frage nach der Zukunft des Dialekts oder nach dem Wandel im Regiolekt, derzeit Teil des gesellschaftlichen Diskurses in Deutschland, anderenfalls hätte er das Magazin wohl auch kaum interessiert. Wenn in diesem Kontext von der »deutschen Sprache« die Rede ist, werden die regionalen Sprachlagen allerdings wohl kaum je mit gedacht. Es geht sozusagen ums »große Ganze«.

Was aber, wenn Deutsch in Deutschland durch Englisch abgelöst würde? Das in den Medien oft diskutierte »Denglisch«-Problem ist damit nicht gemeint: Der Kampfbegriff Denglisch bezieht sich auf die übermäßige oder auch unsinnige Verwendung von Anglizismen im Deutschen, was von vielen als Verschandelung der Sprache empfunden wird. Deutsch fungiert in Deutschland (sowie in sechs anderen Staaten bzw. Landesteilen) als Amts- und Schulsprache, so dass die hier lebenden Menschen es in Wort und Schrift beherrschen müssen, um am gesellschaftlichen und kulturellen Leben teilnehmen und ihre Stimme zu Gehör bringen zu können. Nun ist die Sprachgeschichte voll von Beispielen, wie eine Gemeinschaft, ob unter Zwang oder freiwillig, ihre eigene Sprache aufgegeben hat. In der Geschichte des Raumes zwischen Rhein und Weser kamen solche Umbrüche im 16., 19. und 20. Jahrhundert vor: Die Aufgabe der regionalen Schreibsprachen zugunsten des Hochdeutschen in der frühen Neuzeit, die Ablösung des Niederländischen durch das Deutsche am unteren Niederrhein und der offenbar in einigen Regionen des Landes (Ruhrgebiet, Teile von Ostwestfalen-Lippe) bereits an ein Ende gekommene Dialektschwund.

Der Gedanke, Deutsch könnte eines (vielleicht nicht allzu fernen) Tages in Deutschland durch die Weltsprache Englisch ersetzt werden, wird vielen Menschen bizarr oder absurd erscheinen. Wenn es aber doch dazu kommen sollte, wird die Einführung des englischen Sprachunterrichts in der ersten Grundschulklasse, die in NRW im Schuljahr 2008/09 erfolgte, im Nachhinein als einer der vielen Schritte auf dem Weg dorthin erscheinen können. Die Entscheidung, ob wir in NRW beim Deutschen bleiben, wird allerdings nicht hier, zumindest nicht hier allein, fallen: Diese Frage betrifft alle Länder der Bundesrepublik in gleicher Weise. Der Ausgang der Sprachenfrage wird auch damit zusammenhängen, in welche Richtung sich die Europäische Union in den nächsten Jahren entwickelt und welche Folgen für unser Kommunikationsverhalten die weitere Globalisierung haben wird.

Dank

Zu danken habe ich zunächst den vielen Gewährspersonen, die im Laufe der Jahre die Sprachfragebögen des LVR-Instituts für Landeskunde und Regionalgeschichte (ILR) ausgefüllt haben. Auf ihren Angaben beruhen nicht zuletzt drei der Sprachkarten in diesem Buch.

Namentlich nennen möchte ich eine Anzahl von Menschen, denen ich wegen ganz unterschiedlicher Hilfen Dank schulde – für die Eingabe von Texten, für die Auswertung von Sprachdaten, für die Zusendung interessanten Materials (Zeitungsartikel, Aufsatzkopien usw.), für die Unterstützung bei Untersuchungen, für die Zeichnung der Karten sowie für Hinweise verschiedenster Art, die dem Buch zugutegekommen sind:

Klaus Beck (WDR), Yvonne Beutner (Dinslaken), Joachim Cornelissen (Bonn), Simon Cornelissen (Bonn), Dr. Robert Damme (Kommission für Mundart- und Namenforschung Westfalens, Münster), Karl Gormanns (Dinslaken), Karin Gottwald (Bracht), Willy Hauser (Bracht), Peter Honnen (ILR), Heinrich Imhoff (Bad Berleburg), Valeria Melis (Köln), Sophie Mürmann (Köln), Martina Schaper (ILR), Helene Schullenberg (ILR), Prof. Dr. Helena Siemes (Viersen), Birgit Ströter (LVR), Agnes Tappe (Essen), Angelika Uhe (ILR), Esther Weiß (ILR) und Prof. Dr. Ludwig Zehetner (Lappersdorf). Mein besonderer Dank gilt Dr. Markus Denkler (Kommission für Mundart- und Namenforschung Westfalens, Münster), der große Teile der »westfälischen« Passagen gelesen und kommentiert hat.

Karten- und
Abbildungsverzeichnis

Nachweise

Die Schreibung der Wortbelege
aus Dialektwörterbüchern wurde
gegebenenfalls stillschweigend
verändert.

Einleitung
Hahn (2004, S. 7: LOMMER
JONN [so geschrieben]).

1 Franken und Sachsen
Becher (2004); ders. (2010); Deut-
scher Sprachatlas (1927–1956,
Karte 7: -en. Endung 3. Plur. Ind.
Praes.); Dicks (1998, S. 797: *lope*);
Geschiedenis van de Nederlandse
taal (1997); Janssen (1997, S. 39/40:
»Der Bevölkerungsrückgang ...«);
Kahl (2000, S. 397: *laupen*); Klein
(2000); König (2011); Kruse (1976,
S. 165: HIR MAHT THV ...);
Täpper (1. Aufl. 1887, hier zitiert
nach der 2. Aufl. 1938, S. 11/12:
So sind de Mannslüh ...); Taub-
ken (1988); Weber (2003, CD,
S. 121: *Cundic si allen luden* ...).

2 Die Benrather Linie
Digitaler Wenker-Atlas (2001–
2009); Heinzerling/Reuter (1968);
Klein (2000); Liekmeier (1987,
S. 1–001 [!]: »Die plattdeutsche
Sprache ...«); Müller-Schlösser
(1952); Noever (2003); Piirainen/
Elling (1992); Schleef (1967, S. 61:
Wemme vam Düwel küert ...);
Tiefenbach (1984, S. 324: *Thiede-
rik* usw.); Wenker (1877, S. 10:
»Benrather Grenze«); Wrede (2010).

3 Platt
Bücher (1986); Digitaler Wenker-
Atlas (2001–2009); Frings
(1926/1966); Grimm (2012, S. 409:
Dat Erdmänneken); Kinkel (2010,
S. 19/20: *Jja, ihr Buure* ...); Klein
(2000); Niebaum (1977); Niebaum/
Macha (2006); Sanders (1982, S. 26:
platten duytsche); Schmoeckel/
Blesken (1952); Taubken (2007,
Karte »Niederdeutsche Mundarten
in Westfalen« als Vorlage für die
broaken-Karte); Westfälisches
Wörterbuch (1969 ff., Beiband).

184

4 *duytsch*

Ammon u. a. (2004); Cornelissen (2003); Deutscher Wortatlas (1956–1980, Band 9, Karte 1: Böttcher; Band 16, Karte 11: Sonnabend); Eickmans (1986); geogen (o. J.); Kluge / Seebold (2011); Peters / Roolfs (o. J., S. 235: *Schomaker* usw.).

5 Von Gutenberg bis Luther

Beckers (1989, S. 50: *Eyn schriuer* ...); Cornelissen (2003, S. 33: *koer, koir* usw.; nach Michael Elmentaler); Eickmans (2003); Elmentaler (2000); Fischer (1998, S. 190: Soester Namenbelege); Hoffmann (2000); Kisky (1936, S. 620: *Jhesus Christus* ...); Klein (2000); Mattheier (2003); Mihm (2000a); Möller (2000); Peters (2000a); ders. (2000b); Peters / Roolfs (o. J., S. 155: *Wat dat wort* ..., bearbeitet von Martin Brecht).

6 Der Übergang zum Hochdeutschen

Cornelissen (2003, S. 45: *Armen Ordnungh* ...); Hoffmann (2000); König (2011); Mihm (2000a); Mihm u. a. (2000, S. 132: *Rechenschafft vnnd* ...); Neuß (2000); Peters (2000b, S. 172: »Schließlich gehen ...«); Peters / Roolfs (o. J., S. 166: *Evangelia Und* ..., bearbeitet von Markus Denkler); Sandmann (1916, S. 8 / 9: Mülheimer Namen).

7 Die Sprachgrenze im Westen

Cajot (1989); Cornelissen (1986, S. 229 / 230: *TUsschen de verscheyde* ...); ders. (2003); ders. (2006, S. 49: Fahrrad-Karte); Dounen (o. J.: Gangelter Belege); Hovens / Steegs / van de Wijngaard (2008, S. 69: *Hedendaagse* ...); Kremer (1979); ders. (2004a); Schelberg (1979: Sittarder Belege); Smits (2011).

8 1815 – eine Zwischenbilanz

Bakker / Kruijsen (2013, S. 58: *Maar du hei* ...); Cornelissen (2003); ders. (2009, S. 57: »it is ein viserunge ...«); Elspaß (2000); Kremer (2004a); Niebaum (2000, S. 244: »Hochdeutsch wurde nur ...«); Nonn (2009, S. 37: »In den Grenzen ...«); Theis / Wilhelm (2009).

9 Mundart und Schriftsprache

Cornelissen (2008a); Digitaler Wenker-Atlas (2001–2009; Hehn, Fragebogen 28983: *Mine leve* ..., übergeschriebene Zeichen wurden weggelassen; 28. 11. 2013); Elspaß (2000, S. 272: *Lieber Freund* ...); Hochholzer (2004); Kremer (2000, S. 321: »In der Familie ...«); ders. (2004b); Müller (1838, S. 6 / 7: »Zu den größten Hindernissen ...«); Niebaum (2000, S. 239: »Vor 40, 50 Jahren ...«); Reis (1920, S. 131: »Allerdings in anderen ...«).

10 Land der tausend Dialekte

Atlas zur deutschen Alltagssprache (2001ff., Runde 8, Karte: Großer

Becher für Kaffee); Cornelissen (2010a, S. 36: Karte Hund); Deutscher Wortatlas (1956–1980, Band 8, Karte 9: (irdener) Topf); Henkel (2012, S. 176: »An die Stelle ...«); Honnen / Forstreuter (1994); Kaumann (1884); Köppen (1877); Lausberg / Möller (2000, Karte 17: Bonbon); Niebaum (1977); Niebaum / Macha (2006, S. 5 / 6: »Deudschland hat ...«); Nonn (2009, S. 29: »Bis ins frühe 19. Jahrhundert ...«); Rheinisches Wörterbuch (1928–1971); Schulte (1941, S. 60: *joen* usw.; Schreibung verändert); Wenker (1877); Westfälisches Wörterbuch (1969 ff., Band 1, Sp. 1041 / 1042: Karte Bonbon); Wrede (2010, S. 731: *Pott* und Komposita). http://www.lwl.org / komuna / pdf / mundartregionen_westfalens.pdf (3. 2. 2014). http://www.rheinische-landeskunde.lvr.de / de / sprache / sprachatlas / startseite_2.html (30. 10. 2014). Die Eltener Wortbelege stammen aus einer Fragebogenerhebung des Jahres 2004 (Schreibung z. T. geändert).

11 Der Zweite Weltkrieg und seine Folgen

Garz / Hartmann (1940, S. L1: »Ehre deine Mundart! ...«; S. 17: *mutig, Blech, Teich* ...); Göschel (1977); Kremer (2000); Macha (2000); Näser (2013); Nonn (2009); ders. (2011, S. 88: »Auch sie gehörten ...«); Wirrer (1989, S. 98: »Es muß [...] festgestellt werden ...«).

https://www.landesdatenbank.nrw. de/ldbnrw/online (26. 2. 2014).

12 Rheinisch und Westfälisch

Cornelißen (2008, S. 19: »Darüber hinaus trugen ...«); Damme (2013); Dialekt à la carte (1993, Karte 45: Erstes abgeschnittenes Stück Brot, bearbeitet von Timothy Sodmann); Macha (2010, S. 311: »Es gibt keine ...«); Macha / Neuß / Peters (2000); Rheinisches Wörterbuch (1928–1971); Spiekermann (2013); Taubken (2007). http://www.lwl.org / komuna / pdf / mundartregionen_westfalens.pdf (3. 2. 2014).

13 Sprachlandschaft NRW

Cornelissen (2010b); Das rheinische Platt – Eine Bestandsaufnahme (1989, S. 284: *un vör dem Heu* ..., Schreibung verändert); Denkler (2001); Deutscher Sprachatlas (1927–1956, Karte 24: Hause); Dickmann (1996); Forstreuter (1993, S. 7: »Der Einfluß des Hochdeutschen ...«); Heinzerling / Reuter (1968, Karte 51: Dienstag); Kremer (1979); Langhanke (2013); Schmidt / Herrgen (2011); Siegerländer Sprachatlas (o. J.); Taubken (1988, S. 13: Karte Haus); Twilfer (2012, S. 9: »In welchen benachbarten Orten ...«; Abbildung des Buchumschlags); Wenker (1877, S. 3: »Zu Köln war ...«).

14 »Hauchdütschk was eenlick miene iärste Früemdsproak«
Cornelissen (2008a); Hermeling/ Rammes (2005, S. 75: »Die machten sich …«); Kossert (2009, S. 332/ 333, nach Uwe Langendorf: »So musste ein Vertriebenenkind …«; S. 77/78, nach Volker Ackermann: »Am dreißigsten Mai …«, »Unglück der Vertriebenen …«); Vasthoff (2007, S. 53/54: *To miene Kinnertiet …*; *Dao was aowwer …*).

15 Wer spricht Platt(deutsch)?
Brandes (2013, S. 61: »Um die Lage …«); Cornelissen (2008a); Dickmann (1996); Grömping (2011); Kremer/Van Caeneghem (2007, S. 70: »Diese Zahlen lassen …«); Macha (1993); Menge (1995); Projektgruppe Spracheinstellungen (2011, S. 13: »Können Sie …«); Rempel (2013, S. 15: »Von den unter 50-Jährigen …«); Strothkämper (2014); Thielking (2011).
Die Erhebung in Bracht wurde 2014 vom LVR-Institut für Landeskunde und Regionalgeschichte durchgeführt.

16 »Dialektrenaissance«
Bundesministerium des Innern (2011); Cornelissen (2008a); Macha (2014, S. 123: »Das westdeutsche Fernsehen …«; S. 123/124: »Für das nördliche Rheinland …«); Wich-Reif (2012). Rheinische Post, Ausgabe Viersen (20.12.1982: »Michael, der in der ersten Besetzung …«). Rheinische Post, Aus-

gabe Viersen (2.4.2014: »Ich habe im vergangenen Jahr …«). Westfälische Nachrichten (12.3.1982: »›En propper Platt …‹«).

17 Gründe und Hintergründe des Sprachwandels
Bausinger (1979); Bühren (2013, S. 8: »Der Rundfunk, der Erdteile …«); Cornelissen (2008a); Kremer/Van Caeneghem (2007, S. 70: »Diese Zahlen lassen …«). Frankfurter Allgemeine Zeitung (31.7.2013: »Geboren am 16. Februar 1927 …«).

18 Kölsch
Auch außerhalb von Bayern wird Bayerisch gern gehört (2008); Bhatt/Lindlar (1998, S. 101/102: *Un dann simmer …*, Schreibung verändert); Dicks (1998); Frings (1926/1966, S. 167: Vorlage für die Zigge-Karte); Hilgers (2005); Hönig (1. Aufl. 1877, 2. Aufl. 1905); Schmitt/Thyssen (1998); Wrede (2010). Express Bonn (8.10.2011: »Die Leute verstehen …«; »Viele Zuschauer …«). Hamburger Abendblatt (22.3.2011: »Jeboore enn Kölle am Rhing«; »Damit ist …«). Kölner Stadt-Anzeiger (6.3.2013: »Jajo dat …«).
Die Purzelbaum-Karte beruht auf einer Erhebung des LVR-Instituts für Landeskunde und Regionalgeschichte aus dem Jahr 2011.

19 Ruhrdeutsch ...

Cornelissen (2010a); Menge (2013, S. 119, nach Hildegard Himmelreich: *wir sitzen da* ...); Mihm (1985); Nonn (2011); Salewski (1998, S. 224: *Un getz* ...). Westdeutsche Allgemeine Zeitung, Ausgabe Essen (18.7.2014:»Willi ut Byfang ...«, »Ek häw ...«).

20 ... und andere Regiolekte

Cornelissen (2005, S. 50: *Das haabich* ...); ders. (2008b); ders. (2010a); ders. (2014); Eichhoff (1977–2000, Band 3, Karte 49: schwer arbeiten); Goossens (1979); Honnen (2012); Knappstein (2012, S. 17:»Das vorliegende Nachschlagewerk ...«); Lauf (1996); Menge (2013, S. 70/71: *malochen*); Mihm (2000b); Möller (2003, S. 288: Karte Clusteranalyse); ders. (2013); Mürmann (2014); Rempel (2013); Scholten (1988, S. 344: *Un auf Wangerooge* ...); Weischer (1993, S. 178–186: *Päädsköddel – Pütt*). Die Ergebnisse der Untersuchung in Dinslaken (2013) sind noch unpubliziert.

21 Sprachkontakt

Beutling (1987, S. 123: *Jo, Fernand Heye hätt* ...); Goossens (1988, Karte 3: Iltis/bunzing); Honnen (1998); ders. (2014); ders. (2015); Honnen/Forstreuter (1994); Liedke (1976); Menge (2013, S. 68: *Bohei (Bahei), dufte* ...; S. 75:»Angesichts der ...«); Siewerth (1993).

22 Mobilität und Migration

Anstatt (2013, S. 141: *Da, ja by skazala* ...); Asfur (o. J.); Berend (1998); Bernhard/Lebsanft (2013); Bitzer (o. J.); Cornelissen (2010a); Gesamtkatalog der Tonaufnahmen des Deutschen Spracharchivs (1992); Hinrichs (2013); Huber/Kesici (2013, S. 129:»Filiz glaubt ...«); Lebsanft/Bernhard (2013, S. 12: »alle nach 1949 ...«); Lorenz (2013); Nemeth (2011); Nonn (2011); Orlović-Schwarzwald/Schmidt (1983, S. 235, nach Gerd Antos:»einen hervorragenden Dudweiler Dialekt ...«); Rempel (2013); Weiler (2009, S. 26: *Habte ihr die Eizung anne?*«); Wierling (2004, S. 5:»Wir sprachen damals ...«). Bildung steht ganz oben (2009). In: Rathaus-Echo. Informationsblatt der Gemeindeverwaltung Kranenburg 01/2009, S. 2. »Da hab ich grade ...«: http://www.daserste.de/unterhaltung/krimi/tatort/videos/moma_interview-mit-der-juengsten-tatort [...] (1.8.2014). »Obwohl Bochum ...«: Aus einer Mail vom 22.7.2014. St. Martin Kindergarten zukunftsicher aufgestellt (2010): http://www.kle-point.de/aktuell/neuigkeiten/eintrag.php?eintrag_id=38544 (21.8.2014).

23 WDR-Deutsch

Bühren (2013); Burger (2005); Niebaum/Macha (2006); Polenz (1999, S. 511:»Die Zurückdrängung ...«). http://www.wdr.de/tv/diebesten/sendungsbeitraege/2011/0803/abstimmung (28.9.2012).

http://www.wdr5.de/sendungen/landundleute/landundleute_index100.html (17.10.2014). Bei der »Lokalzeit«-Studie handelt es sich um ein Projekt des LVR-Instituts für Landeskunde und Regionalgeschichte; untersucht wurden die Sendungen vom 22., 23., 29. und 30.1.2014.

24 Hochdeutsch in regionaler Perspektive

Ammon u. a. (2004); Atlas zur deutschen Alltagssprache (2001ff., Runde 7, Karte: Hefegebäckmann); Atlas zur Aussprache des deutschen Gebrauchsstandards (2001ff.); Cornelissen/Weber (2009); Deutscher Wortatlas (1956–1980, Band 17, Karte 9: Rotkraut); Duden (2013); Kleiner Dialektatlas von Ostbelgien und den angrenzenden Gebieten in Deutschland (o. J.); Macha (2014, S. 112: »Eine Sachbearbeite-rin ...«); Niebaum (1977, S. 73: *Er steckte es* ...); Schmidt/Herrgen (2011); Wrede (2010, S. 303/304: *Jeiß* und Komposita, Schreibung verändert). Grenz-Echo (Eupen) (11.12.2008: »Ostbelgien spricht sein eigenes Deutsch«). Remscheider General-Anzeiger (29.5.1954: »Vati, Mutti, Papi, Mami ... und anderer Unsinn«, darin: »Gebannt stehen wir ...«).

25 Ausblick

Denkler (2011); Gilles (2005); Hinrichs (2013); Honnen (2012); Macha (1991); Peters (2006); Reichtum und Armut der deutschen Sprache (2013); Schlobinski/Siever (2012). Hinrichs, Uwe: Hab isch gesehen mein Kumpel. Wie die Migration die deutsche Sprache verändert hat: http://www.spiegel.de/spiegel/print/d-83977255.html (7.11.2014).

189

Literatur

Ammon, Ulrich u. a. (Hrsg.) (2004): Variantenwörterbuch des Deutschen. Die Standardsprache in Österreich, der Schweiz und Deutschland sowie in Liechtenstein, Luxemburg, Ostbelgien und Südtirol. Berlin/New York.

Anstatt, Tanja (2013): »Man hat sich eingelebt und angepasst«: Wie russisch-deutsche Studierende ihre Sprachsituation sehen. In: Bernhard/Lebsanft (2013), S. 133–152.

Asfur, Anke: Radioprogramm für Italiener (o. J.). http://www.geschichte.nrw.de/artikel. php?artikel[id]=596&lkz=de (22. 8. 2014).

Atlas zur Aussprache des deutschen Gebrauchsstandards (AADG) (2001 ff.). Von Stefan Kleiner. Unter Mitarbeit von Ralf Knöbl. http://prowiki.ids-mannheim.de/bin/view/AADG/ (3. 6. 2014).

Atlas zur deutschen Alltagssprache (AdA) (2001 ff.). Von Stephan Elspaß/Robert Möller. http://www.atlas-alltagssprache.de/ (3. 6. 2014).

Auch außerhalb von Bayern wird Bayerisch gern gehört (2008). Die beliebtesten und unbeliebtesten Dialekte. (Allensbacher Berichte 2008, Nr. 4). http://www.ifd-allensbach.de/uploads (25. 6. 2014).

Bakker, Frens/Kruijsen, Joep (2013): Rheinländische Dialekte unter Napoleon (1806–1808). In: Alltag im Rheinland, S. 53–68.

Bausinger, Hermann (1979): Deutsch für Deutsche. Dialekte, Sprachbarrieren, Sondersprachen. Frankfurt am Main.

Becher, Matthias (2004): Die Westfalen als Teil der Sachsen. Von den Ursprüngen bis zum Sturz Heinrichs des Löwen. http://www.westfaelische-geschichte.de/web29 (3. 1. 2013).

Ders.: Die Rheinlande im Frühmittelalter (um 450–919) (2010). http://www.rheinische-geschichte.lvr.de/epochen/epochen/Seiten/500bis785.aspx (3.1.2013).

Beckers, Hartmut (1989): Die Zurückdrängung des Ripuarischen, Niederdeutschen und Niederländischen durch das Hochdeutsche im Kölner Buchdruck nach 1500. In: Niederdeutsches Jahrbuch 112, S. 43–72.

Berend, Nina (1998): Sprachliche Anpassung. Eine soziolinguistisch-dialektologische Untersuchung zum Rußlanddeutschen. (Studien zur deutschen Sprache, 14). Tübingen.

Bernhard, Gerald/Lebsanft, Franz (Hrsg.) (2013): Mehrsprachigkeit im Ruhrgebiet. (Stauffenburg Discussion, 31). Tübingen.

Besch, Werner u. a. (2000/2003/2004): Sprachgeschichte. Ein Handbuch zur Geschichte der deutschen Sprache und ihrer Erforschung. 2., 3. und 4. Teilband. (Handbücher zur Sprach- und Kommunikationswissenschaft, 2.2/2.3/2.4). 2. Aufl. Berlin/New York.

Beutling, Werner (1987): Do hämm wi't all werra! Rund um die Gerresheimer Glashütte. Erlebnisse und Erzählungen. 2. Aufl. Ratingen-Lintorf.

Bhatt, Christa/Lindlar, Markus (Hrsg.) (1998): Alles Kölsch. Eine Dokumentation der aktuellen Stadtsprache in Köln. Bonn. (Mit 4 CDs).

Bitzer, Dirk (o. J.): Der einmillionste Gastarbeiter. http://www.geschichte.nrw.de/artikel.

php?jahr%5Bjahr%5D=1964 (22.8.2014).

Brandes, Ludwig (2013): Die Mundarten des Raumes Breckerfeld – Hagen – Iserlohn. Ein Beitrag zur westfälischen Dialektgeographie. (Niederdeutsche Studien, 56). Köln/Weimar/Wien.

Bücher, Johannes (1986): Bonn-Beueler Sprachschatz. (Rheinische Mundarten, 3). Köln.

Bühren, Georg (2013): Niederdeutsche Hörspiele im Westdeutschen Rundfunk. In: LWL-Medienzentrum für Westfalen: Geschichten von Land und Leuten. Niederdeutsche Hörspiele im WDR. 3 CDs. Teil 1: 1950er Jahre, Begleitheft. Münster, S. 7–23.

Bundesministerium des Innern (2011): Regional- und Minderheitensprachen in Deutschland. 2. Aufl. http://www.bmi.bund.de/SharedDocs/Downloads/DE/Broschueren/2008/Regional_und_Minderheitensprachen.html (8.1.2014).

Burger, Harald (2005): Mediensprache. Eine Einführung in Sprache und Kommunikationsformen der Massenmedien. Mit einem Beitrag von Martin Luginbühl. Berlin/New York.

Cajot, José (1989): Neue Sprachschranken im ›Land ohne Grenzen‹? Zum Einfluß politischer Grenzen auf die germanischen Mundarten in der belgisch-niederländisch-deutsch-luxemburgischen Euregio. (Rhei-

nisches Archiv, 121). Köln /
Wien.

Cornelißen, Christoph (2008):
Historische Identitätsbildung
im Bindestrichland Nordrhein-
Westfalen. IX. Stiftungsfest der
Stiftung Bibliothek des Ruhrgebiets. Bochum, 30. November
2007. Bochum.

Cornelissen, Georg (1986): Das
Niederländische im preußischen
Gelderland und seine Ablösung
durch das Deutsche. Untersu-
chungen zur niederrheinischen
Sprachgeschichte der Jahre 1770
bis 1870. (Rheinisches Archiv, 119).
Bonn.

Ders. (2003): Kleine niederrheinische Sprachgeschichte (1300–
1900). Eine regionale Sprachgeschichte für das deutsch-
niederländische Grenzgebiet
zwischen Arnheim und Krefeld.
Met een Nederlandstalige inlei-
ding. Geldern / Venray.

Ders. (2005): Rheinisches Deutsch.
Wer spricht wie mit wem und
warum. 2. Aufl. Köln.

Ders. (2006): Rad, Fitz und Leeze.
Das ›Fahrrad‹ in der regionalen
Umgangssprache von Nordrhein-
Westfalen. In: Wir im Rhein-
land 24, Heft 1, S. 48–53.

Ders. (2008a): Meine Oma spricht
noch Platt. Wo bleibt der Dialekt
im Rheinland? Köln.

Ders. (2008b): Areale Strukturen
und generationenabhängige
Varianz auf Regiolektkarten des
Rheinlands. In: Elspaß, Stephan /
König, Werner (Hrsg.): Sprach-

geographie digital. Die neue
Generation der Sprachatlanten
(mit 80 Karten). (Germanis-
tische Linguistik, 190–191).
Hildesheim / Zürich / New York,
S. 53–72.

Ders. (2009): Das Faible für
Fisimatenten. Die Rheinländer
und ihre »franzosenzeitlichen«
Lehnwörter. In: Theis / Wilhelm
(2009), S. 43–60.

Ders. (2010a): Zwischen Köttel-
becke und Ruhr. Wie spricht
Essen? Unter Mitarbeit von
Hanna Mengen. Essen.

Ders. (2010b): Die Entwicklung
der gesprochenen Sprache
Krefelds nach 1800. In: Feinen-
degen, Reinhard / Vogt, Hans
(Hrsg.): Krefeld. Die Geschichte
einer Stadt. Band 5: Vom Ende
des Ersten Weltkrieges bis zur
Gegenwart (1918–2004). Mit
Beiträgen von Heribert Houben
u. a. Krefeld, S. 659–686.

Ders. (2014): Der Niederrhein und
sein Deutsch. Sprechen tun et
fast alle. 4. Aufl. Köln.

Cornelissen, Georg / Weber, Sandra
(2009): Eupener Jugendsprache.
Befragungsergebnisse aus dem
Jahr 2008. http://www.rheinische-
landeskunde.lvr.de/de/sprache/
wer_spricht_wie/oertliche_
studien/eupener_jugendsprache.
html (3.11.2014).

Damme, Robert (2013): Das Westfälische Wörterbuch als Projekt.
Arbeitsoptimierung und Mate-
rialreduzierung. In: Niederdeutsches Wort 53, S. 7–19.

Das rheinische Platt – Eine
Bestandsaufnahme (1989).
Handbuch der rheinischen
Mundarten, Teil 1: Texte. Hrsg.
von Georg Cornelissen / Peter
Honnen / Fritz Langensiepen.
(Rheinische Mundarten, 2). Köln.
(Mit Tonkassette).

Denkler, Markus (2001): Dialekt-
divergenzen im nördlichen
Münsterland: e-Apokope und
davon beeinflusste Erscheinun-
gen. In: Niederdeutsches Wort 41,
S. 111–135.

Ders. (2011): Zum Dialektgebrauch im Westmünsterland.
Code-switching in halböffent-
lichen Gesprächen. In: Niederdeutsches Jahrbuch 134,
S. 149–170.

Deutscher Sprachatlas (1927–
1956). Auf Grund des von
Georg Wenker begründeten
Sprachatlas des Deutschen
Reichs in vereinfachter Form
begonnen von Ferdinand
Wrede, fortgesetzt von Walther
Mitzka und Bernhard Martin.
Marburg.

Deutscher Wortatlas (1956–1980).
Von Walther Mitzka und [ab
Band 5] Ludwig Erich Schmitt.
[Ab Band 18] Redigiert von
Reiner Hildebrand. Gießen.

Dialekt à la carte (1993). Dialektatlas Westmünsterland – Ach-
terhoek – Liemers – Niederrhein.
Unter Mitarbeit von Christa
Hinrichs. Hrsg. von Georg Cornelissen / Alexander Schaars /
Timothy Sodmann. (Rheinische

Mundarten, 5; Westmünsterland.
Quellen und Studien, 3). Doe-
tinchem/Köln/Vreden.

Dickmann, Frank (1996): Um-
siedlungsatlas des Rheinischen
Braunkohlereviers. Siedlungs-
form, Wohnen, Infrastruktur –
Umsiedlungsmaßnahmen als
Faktor kommunalen Struktur-
wandels. Köln.

Dicks, Karl (1998): Vogteier
Wörterbuch. Eine Dokumen-
tation der Mundart in der
Vogtei Gelderland. Mit einer
Einführung von Georg Cor-
nelissen. Neukerk.

Digitaler Wenker-Atlas (DiWA)
(2001–2009). Hrsg. von Jürgen
Erich Schmidt / Joachim Herrgen.
Bearb. von Alfred Lameli u. a.
[…]. http://www.diwa.info / titel.
aspx (27. 10. 2013).

Dounen, Heinrich (o. J.): Oos aut
Gängelder Platt. Gangelt.

Duden. Die deutsche Rechtschreibung (2013). Hrsg. von
der Dudenredaktion. Auf der
Grundlage der aktuellen amt-
lichen Rechtschreibregeln.
(Duden, 1). 26. Aufl. Berlin /
Mannheim / Zürich.

Eichhoff, Jürgen (1977–2000):
Wortatlas der deutschen Um-
gangssprachen. Band 1–4. Bern /
München.

Eickmans, Heinz (1986): Gerard
van der Schueren: Teuthonista.
Lexikographische und histo-
risch-wortgeographische Untersuchungen. (Niederdeutsche
Studien, 33). Köln / Wien.

Ders. (2003): Aspekte einer niederrheinischen Sprachgeschichte. In: Besch u. a. (2003), S. 2629–2639.

Elmentaler, Michael (2000): Rheinmaasländische Sprachgeschichte von 1250 bis 1500. In: Macha/Neuß/Peters (2000), S. 77–100.

Elspaß, Stephan (2000): Rheinische Sprachgeschichte von 1700 bis 1900. In: Macha/Neuß/Peters (2000), S. 247–276.

Fischer, Christian (1998): Die Stadtsprache von Soest im 16. und 17. Jahrhundert. Variationslinguistische Untersuchungen zum Schreibsprachenwechsel vom Niederdeutschen zum Hochdeutschen. (Niederdeutsche Studien, 43). Köln/Weimar/Wien.

Forstreuter, Cornelia (1993): Verlust und Wandel im mundartlichen Wortschatz. Ergebnisse einer empirischen Untersuchung von Mundartsprechern dreier Generationen im Rhein-Sieg-Kreis. In: Volkskultur an Rhein und Maas 12, Heft 3, S. 3–10.

Frings, Theodor (1926/1966): Sprache. In: Aubin, Hermann/Frings, Theodor/Müller, Josef: Kulturströmungen und Kulturprovinzen in den Rheinlanden. 1926, Nachdruck Darmstadt 1966, S. 94–189.

Garz, Paul/Hartmann, Otto (1940): Deutschkundliches Arbeitsbuch für die Volksschule. Ausgabe S für die Lesebuchlandschaft X (Regierungsbezirke Köln, Aachen, Düsseldorf-West). Zeichnungen von Ernst Straßner. Heft 2: 3.–4. Schuljahr. Frankfurt am Main.

geogen (o. J.): http://christoph.stoepel.net/geogen/v3/ (3. 11. 2014).

Gesamtkatalog der Tonaufnahmen des Deutschen Spracharchivs (1992). Teil I: Katalog. Erarbeitet von Mitarbeiterinnen und Mitarbeitern des Instituts für deutsche Sprache. (Phonai, 38). Tübingen.

Geschiedenis van de Nederlandse taal (1997). Onder redactie van M. C. van den Toorn u. a. Amsterdam.

Gilles, Peter (2005): Regionale Prosodie im Deutschen. Variabilität in der Intonation von Abschluss und Weiterweisung. (Linguistik – Impulse & Tendenzen, 6). Berlin/New York.

Goossens, Jan (1979): Zum Verhältnis von mundartlichem und umgangssprachlichem Wortschatz in Niederdeutschland. In: Kramer, Wolfgang/Scheuermann, Ulrich/Stellmacher, Dieter (Hrsg.): Gedenkschrift für Heinrich Wesche. Neumünster, S. 39–51.

Ders. (1988): Sprachatlas des nördlichen Rheinlands und des südöstlichen Niederlands. »Fränkischer Sprachatlas«. Erste Lieferung. Marburg.

Göschel, Joachim (Hrsg.) (1977): Die Schallaufnahmen deutscher Dialekte im Forschungsinstitut für deutsche Sprache. Bestandsbeschreibung und Arbeitsbericht. Marburg/Lahn.

Grimm [= »Brüder Grimm«] (2012): Kinder- und Hausmärchen. Frankfurt am Main.

Grömping, Monika (2011): Dialekt und Standardsprache in einem Eifeldorf. Ergebnisse einer empirischen Untersuchung in Mutscheid. In: Alltag im Rheinland, S. 22–35.

Hahn, Ulla (2004): Das verborgene Wort. 6. Aufl. München.

Heinzerling, Jakob/Reuter, Hermann (1968): Siegerländer Wörterbuch. Mit Abbildungen im Text, 65 Sprachkarten nebst Kirchspiel- und Ämterkarte und einem schriftdeutschen Register. Neu bearb. von H. R. 2. Aufl. Siegen.

Henkel, Gerhard (2012): Das Dorf. Landleben in Deutschland – gestern und heute. Stuttgart.

Hermeling, Anke/Rammes, Benedikt (2005): *Plattdüütsch in mien Liäben*. Sprachbiografien aus dem nördlichen Münsterland. In: Augustin Wibbelt-Gesellschaft. Jahrbuch 21, S. 69–86.

Hilgers, Heribert A. (2005): Kölsch (Sprache). In: Das große Köln Lexikon. Hrsg. von Jürgen Wilhelm. Köln, S. 277–279.

Hinrichs, Uwe (2013): Multi Kulti Deutsch. Wie Migration die deutsche Sprache verändert. München.

Hochholzer, Rupert (2004): Konfliktfeld Dialekt. Das Verhältnis von Deutschlehrerinnen und Deutschlehrern zu Sprache und ihren regionalen Varietäten. (Regensburger Dialektforum, 4). Regensburg.

Hoffmann, Walter (2000): Rheinische Sprachgeschichte im 16. Jahrhundert. In: Macha/Neuß/Peters (2000), S. 123–138.

Hönig, Fritz (1905): Wörterbuch der Kölner Mundart. Hrsg. von seinen Freunden und Verehrern. Köln.

Honnen, Peter (1998): Geheimsprachen im Rheinland. Eine Dokumentation der Rotwelschdialekte in Bell, Breyell, Kofferen, Neroth, Speicher und Stotzheim. (Rheinische Mundarten, 10). Köln.

Ders. (2012): Kappes, Knies & Klüngel. Regionalwörterbuch des Rheinlands. 7. Aufl. Köln.

Ders. (2014): Jiddisch in rheinischen Dialekten. In: Grübel, Monika/Honnen, Peter (Hrsg.): Jiddisch im Rheinland. Auf den Spuren der Sprachen der Juden. Essen, S. 123–188.

Ders. (2015): Alles paletti? Migration und Sprache an Rhein und Ruhr. Köln.

Honnen, Peter/Forstreuter, Cornelia (1994): Sprachinseln im Rheinland. Eine Dokumentation des Pfälzer Dialekts am unteren Niederrhein und des »Hötter Platt« in Düsseldorf-Gerresheim. (Rheinische Mundarten, 7). Köln.

Hovens, Frank/Steegs, Mieke/Wijngaard, Ton van de (2008):

Talen. In: De kleine geschiedenis van Limburg in 25 dagen. Dag 3: 13 mei 1170 [...]. Zwolle, S. 56–95.

Huber, Emel/Kesici, Eda (2013): Die türkische Sprache und türkisch-deutsche Zweisprachigkeit in Deutschland. In: Bernhard/Lebsanft (2013), S. 117–131.

Janssen, Wilhelm (1997): Kleine rheinische Geschichte. Düsseldorf.

Kahl, Klaus-Werner (2000): Wörterbuch des Münsterländer Platt. Hochdeutsch – Plattdeutsch, Plattdeutsch – Hochdeutsch. Mit Regeln für die plattdeutsche Rechtschreibung. Münster.

Kaumann, Julius (1884): Entwurf einer Laut- und Flexionslehre der münsterischen Mundart in ihrem gegenwärtigen Zustande. Erster Teil: Lautlehre. Dissertation Münster.

Kinkel, Johanna (2010): Eine Auswahl aus ihrem literarischen Werk. Zusammengestellt von Monica Klaus. Hrsg. von Ingrid Bodsch. Bonn.

[Kisky, Wilh.] (1936): Ein eigenhändiger Brief der Nonne Agnes von Schelten an ihre Mutter vom Jahre 1505. In: Rheinische Heimatpflege 8, S. 619–621.

Klein, Thomas (2000): Rheinische und westfälische Sprachgeschichte bis 1300. In: Macha/Neuß/Peters (2000), S. 3–48.

Kleiner Dialektatlas von Ostbelgien und den angrenzenden Gebieten in Deutschland (o. J.). http://www.cea.ulg.ac.be/

dialektatlas/Karten1/index.html (5. 11. 2014).

Kluge. Etymologisches Wörterbuch der deutschen Sprache. Bearb. von Elmar Seebold. 25. Aufl. Berlin/Boston.

Knappstein, Herbert (2012): Ja, bin ich denn der Leo? Alltagssprache im Sauerland. Mit 21 Farbfotos vom Rothaarsteig-Fotografen Klaus-Peter Kappest. Schmallenberg.

König, Werner (2011): dtv-Atlas Deutsche Sprache. Mit 155 Abbildungsseiten in Farbe. Grafiker Hans-Joachim Paul. 17. Aufl. München.

Köppen, Heinrich (1877): Verzeichniss der Idiotismen in plattdeutscher Mundart volksthümlich in Dortmund und dessen Umgebung. [...] veröffentlicht von seinen Freunden und Verehrern. Als Manuscript gedruckt. Dortmund.

Kossert, Andreas (2009): Kalte Heimat. Die Geschichte der deutschen Vertriebenen nach 1945. München.

Kremer, Ludger (1979): Grenzmundarten und Mundartgrenzen. Untersuchungen zur wortgeographischen Funktion der Staatsgrenze im ostniederländisch-westfälischen Grenzgebiet. (Niederdeutsche Studien, 28 1/2). Köln/Wien.

Ders. (2000): Westfälische Sprachgeschichte von 1850 bis zur Gegenwart. In: Macha/Neuß/Peters (2000), S. 315–335.

Ders. (2004a): Geschichte der deutsch-friesischen und deutsch-niederländischen Sprachgrenze. In: Besch u. a. (2004), S. 3390–3404.

Ders. (2004b): Binnenmigration und Sprachwechsel. Überlegungen zur norddeutschen Sprachgeschichte im 20. Jahrhundert (am Beispiel Westfalens). In: Damme, Robert / Nagel, Norbert (Hrsg.): westfeles vnde sassesch. Festgabe für Robert Peters zum 60. Geburtstag. Bielefeld, S. 347–359.

Kremer, Ludger / Caeneghem, Veerle Van (2007): Dialektschwund im Westmünsterland. Zum Verlauf des niederdeutsch-hochdeutschen Sprachwechsels im 20. Jahrhundert. (Westmünsterland. Quellen und Studien, 17). Vreden.

Kruse, Norbert (1976): Die Kölner volkssprachige Überlieferung des 9. Jahrhunderts. Mit 7 Karten und 11 Abbildungen. (Rheinisches Archiv, 95). Bonn.

Langhanke, Robert (2013): Regionale Variationsmuster enklitischer Verbformen in norddeutschen Umgangssprachen. Zur formalen und funktionalen Verteilung von *kriegst du* und *krisse* in Berlebeck und Hinsbeck. In: Hettler, Yvonne u. a. (Hrsg.): Variation, Wandel, Wissen. Studien zum Hochdeutschen und Niederdeutschen. (Sprache in der Gesellschaft, 32). Frankfurt am Main, S. 101–128.

Lauf, Raphaela (1996): »Regional markiert«: großräumliche Umgangssprache(n) im niederdeutschen Raum. In: Niederdeutsches Jahrbuch 119, S. 193–218.

Lausberg, Helmut / Möller, Robert (2000): Rheinischer Wortatlas. Bonn.

Lebsanft, Franz / Bernhard, Gerald (2013): Zur Einleitung: »Amtssprache Deutsch«, gesellschaftliche und individuelle Mehrsprachigkeit in Deutschland und im Ruhrgebiet. In: Bernhard / Lebsanft (2013), S. 11–19.

Liedtke, Heribert (1976): Hötter Platt. Hrsg. von Heribert Klein. Düsseldorf. (Mit Schallplatte).

Liekmeier, Ferdinand (1987): Das Scharmeder Platt. Eine Dokumentation des ostwestfälischen Platt in der speziellen Sprechweise der Gemeinde Scharmede. Unter Mitwirkung des Heimatvereins Scharmede. Scharmede.

Lorenz, Cornelia (2013): Niederdeutsche Lexeme im Regiolekt. Eine empirische Studie unter Einheimischen und Zugezogenen in Ostwestfalen. In: Quaderni di Palazzo Serra 22, S. 135–143.

Macha, Jürgen (1991): Der flexible Sprecher. Untersuchungen zu Sprache und Sprachbewußtsein rheinischer Handwerksmeister. Köln / Weimar / Berlin.

Ders. (1993): »Wie die Alten sungen …?« Generation und Sprache im Rheinland. In: Mattheier, Klaus J. u. a. (Hrsg.): Vielfalt des Deutschen. Festschrift für

Werner Besch. Frankfurt a. M. u. a., S. 601–618.

Ders. (2000): Nordrheinische Sprachgeschichte im 20. Jahrhundert. In: Macha / Neuß / Peters (2000), S. 293–313.

Ders. (2010): Sprache als Faktor der Raumbildung? Anmerkungen zu Westfalen. In: Suntrup, Rudolf u. a. (Hrsg.): Usbekisch-deutsche Studien III. Sprache – Literatur – Kultur – Didaktik. Teilband 1 […]. Berlin u. a., S. 303–329.

Ders. (2014): Regionalsprachlichkeit in Nordrhein-Westfalen. In: Rusinek, Bernd-A. / Kühn, Andreas (Hrsg.): Das Nordrhein-Westfalen-Lesebuch. Köln, S. 109–124.

Macha, Jürgen / Neuß, Elmar / Peters, Robert (Hrsg.) (2000): Rheinisch-westfälische Sprachgeschichte. Unter Mitarbeit von Stephan Elspaß. Köln / Weimar / Wien.

Mattheier, Klaus J. (2003): Aspekte einer rheinischen Sprachgeschichte. In: Besch u. a. (2003), S. 2712–2729.

Menge, Heinz H. (1995): »Wie ist es bei Gesprächen mit Ihren Kindern …?« Zu Frage 26 der GETAS-Umfrage von 1984. In: Cajot, José u. a. (Hrsg.): Lingua theodisca. Beiträge zur Sprach- und Literaturwissenschaft. Jan Goossens zum 65. Geburtstag. Band 1. (Niederlande-Studien, 16 / 1). Münster/Hamburg, S. 655–668.

Ders. (2013): Mein lieber Kokoschinski! Der Ruhrdialekt. Aus der farbigsten Sprachlandschaft Deutschlands. Bottrop.

Mihm, Arend (Hrsg.) (1985): Sprache an Rhein und Ruhr. Dialektologische und soziolinguistische Studien zur sprachlichen Situation im Rhein-Ruhr-Gebiet und ihrer Geschichte. (Zeitschrift für Dialektologie und Linguistik. Beihefte, 50). Stuttgart.

Ders. (2000a): Rheinmaasländische Sprachgeschichte von 1500 bis 1650. In: Macha / Neuß / Peters (2000), S. 139–164.

Ders. (2000b): Die Rolle der Umgangssprachen seit der Mitte des 20. Jahrhunderts. In: Besch u. a. (2000), S. 2107–2137.

Mihm, Arend u. a. (2000): Die frühneuzeitliche Überschichtung der rheinmaasländischen Stadtsprachen. Ein Duisburger Forschungsprojekt zur Entstehung der deutsch-niederländischen Sprachgrenze. In: Elmentaler, Michael (Hrsg.): Regionalsprachen, Stadtsprachen und Institutionssprachen im historischen Prozess. (Schriften zur diachronen Sprachwissenschaft, 10). Wien, S. 117–156.

Möller, Robert (2000): Rheinische Sprachgeschichte von 1300 bis 1500. In: Macha / Neuß / Peters (2000), S. 51–75.

Ders. (2003): Zur diatopischen Gliederung des alltagssprachlichen Wortgebrauchs. Eine dialektometrische Auswertung von Jürgen Eichhoff: Wortatlas der deutschen Umgangssprachen (Bd. 1–4; 1977, 1978, 1993, 2000). In: Zeitschrift für Dialektologie und Linguistik 70, S. 259–297.

Ders. (2013): Erscheinungsformen rheinischer Alltagssprache. Untersuchungen zu Variation und Kookkurrenzregularitäten im »mittleren Bereich« zwischen Dialekt und Standardsprache. (Zeitschrift für Dialektologie und Linguistik. Beihefte, 153). Stuttgart.

Mührmann, Sophie (2014): Regionale Sprachkompetenz bei Jugendlichen und jungen Erwachsenen in Werne. Ergebnisse einer Befragung (2013). In: Alltag im Rheinland, S. 37–44.

Müller, Joseph (1838): Ueber niederrheinische Provinzialismen. In: Programm, durch welches zu der Prüfung und Redeübung der Schüler des Aachener Gymnasiums auf den 17. und 18. September 1838 ergebenst einladet der Direktor des Gymnasiums J. J. Schoen. Aachen, S. 3–32.

Müller-Schlösser, Hans (1952): Wie der Düsseldorfer denkt und spricht. Düsseldorf.

Näser, Wolfgang (2013): Das »Lautdenkmal reichsdeutscher Mundarten« als Forschungsinstrument. Grundsätzliche Überlegungen und Daten. http://staff-www.uni-marburg.de/~naeser/ldoo.htm (26.2.2014).

Nemeth, Cornelia (2011): Zugezogene im Fokus. Eine empirische Studie. In: Ganswindt, Brigitte / Purschke, Christoph (Hrsg.): Perspektiven der Variationslinguistik. Beiträge aus dem Forum Sprachvariation. (Germanistische Linguistik, 216/217). Hildesheim / Zürich / New York, S. 99–120.

Neuß, Elmar (2000): Rheinische Sprachgeschichte im 17. Jahrhundert. In: Macha / Neuß / Peters (2000), S. 181–207.

Niebaum, Hermann (1977): Westfälisch. (Dialekt / Hochsprache – kontrastiv, 5). Düsseldorf.

Ders. (2000): Westfälische Sprachgeschichte von 1620 bis 1850. In: Macha / Neuß / Peters (2000), S. 225–246.

Niebaum, Hermann / Macha, Jürgen (2006): Einführung in die Dialektologie des Deutschen. (Germanistische Arbeitshefte, 37). 2. Aufl. Tübingen.

Noever, Johannes (2003): Mönchengladbacher Mundartwörterbuch. Bearb. von Michael Walther unter Mithilfe von Kurt P. Gietzen. (Unsere Heimat Mönchengladbach in Schrift und Bild, 13). Mönchengladbach.

Nonn, Christoph (2009): Geschichte Nordrhein-Westfalens. München.

Ders. (2011): Kleine Migrationsgeschichte von Nordrhein-Westfalen. Köln.

Orlović-Schwarzwald, Maria / Schmidt, Jürgen Erich (1983): Gastarbeiterdeutsch und deutscher Dialekt. In: Bellmann, Günter (Hrsg.): Beiträge zur

Dialektologie am Mittelrhein. (Mainzer Studien zur Sprach- und Volksforschung, 10). Stuttgart, S. 230–255.

Peters, Jörg (2006): Intonation deutscher Regionalsprachen. (Linguistik – Impulse & Tendenzen, 21). Berlin/New York.

Peters, Robert (2000a): Westfälische Sprachgeschichte von 1300 bis 1500. In: Macha/Neuß/Peters (2000), S. 101–119.

Ders. (2000b): Westfälische Sprachgeschichte von 1500 bis 1625. In: Macha/Neuß/Peters (2000), S. 165–179.

Peters, Robert/Roolfs, Friedel Helga (Hrsg.) (o. J.): Plattdeutsch macht Geschichte. Niederdeutsche Schriftlichkeit in Münster und im Münsterland im Wandel der Jahrhunderte. Münster.

Piirainen, Elisabeth/Elling, Wilhelm (1992): Wörterbuch der westmünsterländischen Mundart. Hrsg. vom Heimatverein Vreden unter Mitarbeit zahlreicher Gewährsleute. (Beiträge des Heimatvereins Vreden zur Landes- und Volkskunde, 40). Vreden.

Polenz, Peter von (1999): Deutsche Sprachgeschichte vom Spätmittelalter bis zur Gegenwart. Band III: 19. und 20. Jahrhundert. Berlin/New York.

Projektgruppe Spracheinstellungen (2011): Aktuelle Spracheinstellungen in Deutschland. Erste Ergebnisse einer bundesweiten Repräsentativumfrage. Von Ludwig M. Eichinger u. a. 2. Aufl. Mannheim.

Reichtum und Armut der deutschen Sprache (2013). Erster Bericht zur Lage der deutschen Sprache. Hrsg. von der Deutschen Akademie für Sprache und Dichtung und der Union der deutschen Akademien der Wissenschaften. Berlin/Boston.

Reis, Hans (1920): Die deutschen Mundarten. (Sammlung Göschen, 605). 2. Aufl. Berlin/Leipzig.

Rempel, Katharina (2013): Bonn, Bönnsch & Bonner Deutsch. Sprachliche Vielfalt in der Bundesstadt. Bonn.

Rheinisches Wörterbuch (1928–1971). Im Auftrag der Preußischen Akademie der Wissenschaften […] hrsg. und bearb. von Josef Müller u. a. Bonn/Berlin.

Salewski, Kerstin (1998): Zur Homogenität des Substandards älterer Bergleute im Ruhrgebiet. (Zeitschrift für Dialektologie und Linguistik. Beihefte, 99). Stuttgart.

Sanders, Willy (1982): Sachsensprache, Hansesprache, Plattdeutsch. Sprachgeschichtliche Grundzüge des Niederdeutschen. Göttingen.

[Sandmann, Friedrich] (1916): Nahmenbuch derer so Ihn der Pfarrkirche zu Mulhem vff der Ruhr vff gekündigt vnd Ehelich versprochen sein. In: Zeitschrift des Geschichtsvereins Mülheim an der Ruhr 11, Heft 2/3, S. 3–28.

Schelberg, P.J.G. (1979): Woordenboek van het Sittards dialect met folkloristische aantekeningen. Zittesj wie men 't sjrik en sjrif. (Amsterdamer Publikationen zur Sprache und Literatur, 40). Amsterdam.

Schleef, Wilhelm (1967): Dortmunder Wörterbuch. (Niederdeutsche Studien, 13). Köln/Graz.

Schlobinski, Peter/Siever, Torsten (Hrsg.) (2012): Sprache und Kommunikation im Web 2.0. (Der Deutschunterricht, 6/12). Seelze.

Schmidt, Jürgen Erich/Herrgen, Joachim (2011): Sprachdynamik. Eine Einführung in die moderne Regionalsprachenforschung. (Grundlagen der Germanistik, 49). Berlin.

Schmitt, Eva-Maria/Thyssen, Achim (Hrsg.) (1988): Mundart in Deutschland. Vademekum zu Vereinen, Forschungseinrichtungen und anderen Institutionen. Krefeld.

Schmoeckel, Hermann/Blesken, Andreas (1952): Wörterbuch der Soester Börde. Ein Beitrag zur westfälischen Mundartforschung. Soest.

Scholten, Beate (1988): Standard und städtischer Substandard bei Heranwachsenden im Ruhrgebiet. (Reihe Germanistische Linguistik, 88). Tübingen.

Schulte, Werner (1941): Gliederung der Mundarten im südöstlichen Sauerland. (Deutsche Dialektgeographie, 38). Marburg.

Siegerländer Sprachatlas (o.J.). http://www.uni-siegen.de/sisal/ (3.1.2014).

Siewerth, Klaus (1993): *Olf, bes, kimmel, dollar, hei* ... Handwörterbuch der Münsterschen Masematte. In Zusammenarbeit mit den letzten alten Sprechern und den Mitgliedern der Projektgruppe Masematte. Münster/New York.

Smits, Tom F.H. (2011): Strukturwandel in Grenzdialekten. Die Konsolidierung der niederländisch-deutschen Staatsgrenze als Dialektgrenze. (Zeitschrift für Dialektologie und Linguistik. Beihefte, 146). Stuttgart.

Spiekermann, Helmut (2013): Das Centrum für Niederdeutsch. In: Augustin Wibbelt-Gesellschaft. Jahrbuch 29, S. 82–84.

Strothkämper, Nathalie (2014): Der Dialekt von Beggendorf. Kompetenz, Erfahrungen und Einstellungen junger Erwachsener. In: Alltag im Rheinland, S. 90–101.

Täpper, Willem (1938): Plattdütsche Lachpillen oder Lustige Reimereien in der Mundart der Kanonen- und Kohlenstadt Essen. Erster Band, mit dem Bildnisse des Verfassers. 9. Aufl. Leipzig.

Taubken, Hans (1988): Zur dialektgeographischen Gliederung der Mundarten des kurkölnischen Sauerlandes. In: Pilkmann-Pohl, Reinhard (Bearb.): Plattdeutsches Wörterbuch des kurkölnischen

Sauerlandes. 2. Aufl. Arnsberg,
S. 11–22.

Ders. (2007): Niederdeutsche
Sprache – westfälische Mund-
arten. http://www.lwl.org/LWL/
Kultur/Westfalen_Regional/
Gebiet_Identitaet/Identitaet/
Mundarten (29.10.2014).

Theis, Kerstin/Wilhelm, Jürgen
(Hrsg.) (2009): Frankreich am
Rhein. Die Spuren der »Franzosenzeit« im Westen Deutschlands. Köln.

Thielking, Carolin (2011): »Her-
zenssprache« oder »Armeleute-
geruch«? Eine ethnolinguisti-
sche Skizze zum Plattdeutschen
im ostwestfälischen Hahlen.
In: Niederdeutsches Wort 51,
S. 25–44.

Tiefenbach, Heinrich (1984):
Xanten – Essen – Köln. Untersuchungen zur Nordgrenze des
Althochdeutschen an niederrheinischen Personennamen des
neunten bis elften Jahrhunderts.
(Studien zum Althochdeut-
schen, 3). Göttingen.

Twilfer, Daniela (2012): Dialektgrenzen im Kopf. Der westfälische Sprachraum aus volkslinguistischer Perspektive.
(Westfälische Beiträge zur niederdeutschen Philologie, 13).
Bielefeld.

Vasthoff, Josef (2007): Liäben
up'n Mönsterlänner Buernhoff
in aolle un niee Tieten. Münster.

Weber, Hildegard (2003): Venlo –
Duisburg – Essen. Diatopische
Untersuchungen zu den historischen Stadtsprachen im 14. Jahrhundert. (Germanistische Bibliothek, 14). Heidelberg.

Weiler, Jan (2009): Maria, ihm
schmeckt's nicht! Geschichten
von meiner italienischen Sippe.
Berlin.

Weischer, Heinz (1993): Noch'n
Pilsken, Gerd! Ein vergnügliches
Hamm-Heessener Lesebuch
nebst einem umfangreichen Wör-
terbuch der Hamm-Heessener
Umgangssprache und einer leicht-
gefaßten Übungsgrammatik der
Randzonensprache Ruhrgebiet-
Münsterland. Essen.

Wenker, Georg (1877): Das rheinische Platt. Den Lehrern des
Rheinlandes zugewidmet. Düsseldorf.

Westfälisches Wörterbuch (1969 ff.).
Hrsg. von der Kommission für
Mundart- und Namenforschung
des Landschaftsverbandes
Westfalen-Lippe. Neumünster.

Wich-Reif, Claudia (2012): Deutsch-
land. In: Lebsanft, Franz/Win-
gender, Monika (Hrsg.): Euro-
päische Charta der Regional- oder
Minderheitensprachen. Ein
Handbuch zur Sprachpolitik des
Europarats. Berlin/Boston,
S. 39–75.

Wierling, Dorothee (Hrsg.) (2004):
Heimat finden. Lebenswege von
Deutschen, die aus Russland
kommen. Hamburg.

Wirrer, Jan (1989): Dialekt und
Standardsprache im National-
sozialismus – am Beispiel des
Niederdeutschen. In: Ehlich,

Konrad (Hrsg.): Sprache im Faschismus. Frankfurt am Main, S. 87–103.

Wrede, Adam (2010): Neuer Kölnischer Sprachschatz. Mit einer Einführung von Peter Honnen. 13. Aufl. Köln.

Ortsregister

Das Register wurde vom Verlag erstellt. Alle abgeleiteten Adjektive werden stillschweigend wie Substantive behandelt. Folgende Begriffe sind in diesem Ortsregister nicht enthalten: Deutschland (einschließlich Deutsches Reich), Nordrhein-Westfalen, Rheinland (einschließlich Rheinprovinz) und Westfalen.